ロシア 現代史再考

山内聡彦

TOYO SHOTEN SHINSYA

はじめに

トランプ政権を揺るがすロシア疑惑。北朝鮮の核問題で制裁や圧力の強化に反対するロシア。大国ロシアをめぐるニュースが国際社会をにぎわせている。二五年余り前、ソ連崩壊で超大国の座から滑り落ち、影響力を失ったロシア。しかし、その後、プーチン大統領の登場とともに国力を回復し、奇跡的に復活した。今、イギリスのEU離脱問題やアメリカ第一主義を掲げるトランプ政権の登場と、欧米諸国が大きく揺らいでいる中、ロシアは国際法に反してクリミアを併合するなど、中国とともに国際秩序の再編を目指している。ロシアはいかにしてソ連崩壊後の混乱からよみがえったのか。この本はそうしたロシアのソ連末期から今日までの変貌ぶりを深く読み解き、そこから今のロシアの真相を見通そうというものだ。

私（山内）はＮＨＫのモスクワ特派員や解説委員などの立場から三五年間にわたってソ連・ロシアのテレビ報道に携わってきた。ソ連事情を学んだ大学時代からジョン・ガンサーの『ソヴィエトの内幕』やヘドリック・スミスの『ロシア人』など、ソ連社会の深層を描いたジャーナリストのルポルタージュを愛読してきた。その後ＮＨＫに入り、モスクワ特派員になるにあたって、ソ連の社会情勢や人々の暮らしぶりをぜひテレビのリポートで克明に描いてみたいと考えていた。幸い私がモスクワに赴任したのはゴルバチョフ時代のペレストロイカ（改革）の全盛期だった。ソ連が長年の秘密主義を破り、外国人に対しても真実を語り始めていた。

当時、私の心に印象に残ったある小さな出来事がある。それはモスクワのシェレメチェヴォ国際空港でのことだった。長く西側に亡命していたソ連の人々がゴルバチョフ時代になって帰国を認められ、次々に祖国に戻ってきていた。そうしたグループがモスクワの空港に降り立ち、出迎えた人々と涙の再会をしていた。私はこれを見て、「冷徹に見えるソ連の人々も泣くのだ」と衝撃を受けた。私はこの時、ソ連社会で起きているとてつもない大きな変化を人間的な目線でとらえ、人々が何を考え、訴え、怒り、笑い、泣き、感動するのか、具体的な映像と証言をもって日本に伝えることが私の使命だと改めて実感した。

それから四半世紀。この間のソ連・ロシアの情勢はまさに激動だった。ゴルバチョフ時代のペレストロイカを体験した私はその後、ソ連崩壊直後の極東のウラジオストク、そして、エリツィン時代末期からプーチン時代初めのモスクワと三度にわたり現地に常駐して取材する機会を得た。特にウラジオストク時代、計画経済から市場経済への移行という未曽有の実験がロシアの地方にどのように影響を及ぼすのかを現地で取材できたのは実に貴重な体験だった。

こうした長年取材してきたソ連・ロシアの社会情勢について機会があれば本にまとめてみたいと考えていた。そうした中、東洋書店新社の岩田悟氏からロシア社会について本を書かないかという提案をいただいた。岩田氏は私が以前二人の専門家と書いた『現代ロシアを見る眼――「プーチンの十年」の衝撃』(NHK出版、二〇一〇年)という本の中でプーチン時代の社会の変貌ぶりについての章を読み、この提案を持ってきてくれたという。彼の提案は小さくても人々の心や暮らしに影響を与えた一〇の出来事や事件をきっかけに、ロシアのその時々の世相とそこにあらわれるロシアの本質を描くというものだった。私はこの本を書くにあたって、ロシア人の知り合いにソ連末期からあなたの印象に残っている出来事、あなたの暮らしに影響を与えた事件は何かをたずねた。またロシアのさまざまな分野の人たちに過去の自分の体験を話してもらったほか、ロシアの世論調査機関が発表する毎年の一〇大ニュースなども参考にした。彼らの反応は年代や職業などによってさまざまだったが、概して年配の方はゴルバチョフ時代に鉄のカーテンがなくなったことや、クーデターやソ連崩壊が起きたこと、それにエリツィン時代の混乱をあげた人が多かった。また若い人たちはプーチン時代に入ってからの高度成長などの豊かな社会の実現やオリンピック開催などをあげる人が多かった。それを一〇の項目にまとめ、私が取材したロシアの専門家の分析や自分の体験、これまでに作ったリポートや番組の内容を生かすようにした。結果的に岩田氏が提案したようにすべてを小さな出来事をきっかけに描くことにはならず、その時代に共通する現象やキーワードを切り口に描くことになった。

この本で扱った主なテーマは次の通りである。冷戦が終わり、鉄のカーテンが消滅したゴルバチョフ時代、市場経済化で豊かな社会を目指し裏切られたエリツィン時代、無名のプーチンがあっという間に大統領に上り詰めた驚くべき権力交代の舞台裏、オイルマネーを背景に実現したプーチン時代の夢の高度経済成長、頻発するテロの脅威とそれを政治利用しようとするプーチン政権、極東の軍事要塞都市からアジア太平洋の玄関口へと変貌しようとする極東のウラジオストク、オリンピックのドーピングで揺れるスポーツ大国ロシアの闇、プーチン訪日で注目を集めた日ロ関係などである。

これらのテーマについてできるだけ市民の目線で描くとともに、当時の出来事を今の視点でどう見るのかに重点を置いた。日本でも冷戦時代や東の超大国ソ連があったことを知らない若い世代が増えている。この本が冷戦終結後から大きく変貌を遂げたロシアの全体像とその背景を理解するうえで役に立つことを念願している。

二〇一七年一二月

前ＮＨＫ解説委員　山内聡彦

ロシア現代史再考／目次

関連年表

1985年・3月	ゴルバチョフ政権発足。
11月	6年ぶりの米ソ首脳会談(ジュネーヴ)。レーガン、ゴルバチョフ。
1986年・2月	第27回ソ連共産党大会。
4月	チェルノブイリ原発事故。
10月	米ソ首脳会談決裂(レイキャビク)。
1987年・12月	米ソ首脳会談(ワシントン)。中距離核戦力全廃条約調印。
1988年・5月	米ソ首脳会談(モスクワ)。レーガン「ソ連は悪の帝国」発言を撤回。
1989年・11月	ベルリンの壁崩壊。
12月	米ソ首脳会談(マルタ)。ブッシュ、ゴルバチョフ、冷戦終結を宣言。
1990年・10月	東西ドイツ統一。
1991年・4月	ゴルバチョフ大統領訪日。
8月	クーデター未遂事件(モスクワ)。
12月	ソ連崩壊、ゴルバチョフ大統領辞任。
1992年・1月	ロシアで市場経済化開始、価格の自由化。
1993年・10月	ロシア最高会議ビル砲撃事件(モスクワ)。
1994年・12月	第一次チェチェン戦争(〜1996年)。

1996年・6～7月	ロシア大統領選挙。エリツィン、決選投票でかろうじて勝利。
1998年・8月	ロシア金融危機。キリエンコ首相解任、9月後任にプリマコフ。
1999年・3月	NATO第一次東方拡大（ポーランド、ハンガリー、チェコが加盟）。
	NATO、ユーゴスラビア空爆開始。ロシアが強く反発。
5月	プリマコフ首相解任、後任ステパーシン。
8月	ステパーシン首相解任、後任にプーチン。
	チェチェン武装勢力、隣のダゲスタンに侵攻。
9月	モスクワで高層アパート連続爆破テロ、第二次チェチェン戦争開始。
12月	ロシア下院議会選挙。プーチン支持の与党勝利。エリツィン大統領辞任。
	大統領代行にプーチン首相。
2000年・3月	ロシア大統領選挙。プーチン当選。
5月	言論・財閥の統制強化。グシンスキー、ベレゾフスキー国外追放へ。
	連邦制度改革（中央集権体制の強化）。
7月	プーチン、財閥に政治から手を引き、経済に専念するよう指示。
2001年・9月	アメリカで同時多発テロ事件。プーチン、テロとの戦いに協力を表明。
10月	アメリカ、アフガニスタン攻撃開始。12月タリバン政権崩壊。
2002年・10月	モスクワ劇場占拠事件。
2003年・3月	イラク戦争。アメリカの攻撃にロシアなどが反対。
10月	ユーコス事件。財閥ホドルコフスキー逮捕。
2004年・3月	ロシア大統領選挙。プーチン再選。
	NATO第二次東方拡大（バルト三国など7カ国加盟）。

5月	チェチェンのカディロフ大統領、爆弾テロで死亡。
9月	北オセチアでチェチェン過激派による学校占拠事件。
12月	ウクライナで民主化革命（オレンジ革命）。
２００５年・3月	キルギスで民主化革命、アカーエフ政権崩壊（チューリップ革命）。
5月	ウズベキスタンで大規模暴動。政権側が徹底弾圧で多くの犠牲者。
２００６年・7月	ロシアで初のＧ８サミット（サンクトペテルブルグ）。
２００７年・2月	プーチン、ミュンヘン演説。アメリカの一極支配を批判。
3月	暗殺された大統領の息子ラムザン・カディロフがチェチェン大統領に。
7月	プーチン、２０１４年にソチ・オリンピック開催を勝ち取る。
12月	プーチン、三選を目指さず、後継者にメドヴェージェフ第一副首相を指名。
２００８年・3月	大統領選挙。メドヴェージェフ、大統領に当選。プーチンは首相に。
8月	ロシア・グルジア戦争。
9月	リーマン・ショック。世界同時不況。
２００９年・1月	アメリカにオバマ政権発足。米ロ関係リセット。
２０１０年・4月	米ロが新たな戦略兵器削減条約（新ＳＴＡＲＴ）に調印。
２０１１年・9月	プーチンとメドヴェージェフ、大統領と首相のポスト交換を提案。
10月	プーチン、ユーラシア連合構想発表。
12月	議会選挙の不正や権力の私物化に反対し、大規模反政府デモ。
２０１２年・3月	ロシア大統領選挙。プーチン、大統領に復帰。
9月	ウラジオストクでＡＰＥＣ首脳会議。
２０１４年・2月	ソチ・オリンピック開催。

		ウクライナ危機。
	3月	ロシア、クリミア併合、ロシアをG8から排除。欧米が対ロ経済制裁。
	12月	ドイツのTV番組がロシア陸上界のドーピング疑惑を暴露。
2015年	1月	ユーラシア経済同盟設立。
	9月	プーチン、国連総会で演説。反テロ連合の結成を提唱。
		ロシア、シリアのIS拠点への空爆開始。
	10月	エジプト・シナイ半島上空でロシアの旅客機がテロにより爆破。
2016年	5月	ロシアがソチ五輪で国家ぐるみのドーピングを行っていた疑惑が浮上。
	8月	リオデジャネイロ・オリンピック。ドーピング問題で多くのロシア選手が参加できず。
	12月	プーチン、11年ぶりに訪日。
2017年	1月	アメリカにトランプ新政権発足。
	3月	汚職に反対する大規模な抗議集会。
	4月	サンクトペテルブルグ地下鉄で爆破テロ。
		アメリカ、シリアでの化学兵器使用への対抗措置としてアサド政権の基地をミサイル攻撃。
	7月	トランプ政権発足後初の米ロ首脳会談（ハンブルク）。
	8月	アメリカで対ロ制裁強化法成立。
	9月	北朝鮮、6度目の地下核実験。
2018年	3月	ロシア大統領選挙。
	6〜7月	サッカー・ワールドカップ（ロシア）。

ロシア
現代史再考

ソ連崩壊から読み解く大国の真相

第一章 ——消えた鉄のカーテン

東の超大国ソ連の崩壊から二五年余りがたった。当時生まれた子供たちも二〇代後半となった。ソ連時代を知らない若い世代は自由や民主主義、インターネットやグローバル化を当たり前のものと受け止めている。一方でソ連時代を知る年配の人たちは共産党政権への恐れやソ連崩壊前後の激動を鮮烈に記憶している。そうした今のロシア社会にはソ連時代の痕跡が色濃く残っている。それは例えばロシアの国歌としてソ連国歌が復活したこと、国民の間にソ連時代を懐かしむ気持ちやアメリカと対等という大国意識が根強いことなどに現れている。また皇帝のような強い指導者を求め、強大な国家に頼ろうとする風潮が強いこと、権威主義的な体制の中で自由や民主主義が後退し、市民社会が育っていないこと、こうした今のロシアのいびつな現象はソ連時代という過去、その制度や習慣に深い根を持っている。現在のロシアを理解するためには過去から今を見通すという視点が欠かせない。

第一章では、ロシアが今のような社会となる、その変化の始まりとなったソ連崩壊の前夜に焦点をあて、その象徴的な出来事として東西を隔てた鉄のカーテンの消滅を取り上げる。第二次世界大戦後、四〇年以上続いた冷戦はベルリンの壁の崩壊やマルタでの米ソ首脳の冷戦終結宣言、そしてソ連崩壊をもって終わった。鉄のカーテンもなくなり、ソ連の人々は西側に自由に出国できるようになった。それは今につながる、社会のあらゆる分野における変化の始まりでもあった。ここではまず、鉄のカーテンで隔絶されていたソ連社会がどのような状況だったのか、そして、そのカーテンがなくなった時、社会はどうなったのか、鉄のカーテン消滅への道の始まりとなったブレジネフ時代の終焉から見ていくことにする。

ブレジネフ書記長死去

一九八二年夏、ＮＨＫに入社して六年後、私（山内）は地方勤務を終えて、東京の外信部（今の国際部）に異動した。大学でロシア語を学び、外信部のソ連班に入った私にはある忘れがたい出来事がある。それは外信部に来て三カ月後の一九八二年一一月一〇日のことだった。当時、ソ連では一八年間にわたって最高指導者の座に君臨してきた共産党書記長レオニード・ブレジネフが長い間病気で、いつ死亡するのかが最大の関心事となっていた。ソ連は秘密主義で、クレムリン（権力の中枢）の内部で起きていることは全く分からない。私は五月一日のメーデーや一一月七日の革命記念日など重要な行事の際、赤の広場のレーニン廟の壇上に現れる指導者の序列などを見て、クレムリンで何が起きているのか分析していた。

一一月一〇日、ソ連国営テレビが朝から荘重なクラシック音楽を流し、アナウンサーが黒いネクタイをつけているという情報が飛び込んできた。誰もがブレジネフが死んだと思ったが、確認が取れない。そうした中、共同通信が北京発の特ダネでブレジネフが死亡し、日本時間の夕方五時に正式に発表されると伝えてきた。ＮＨＫではブレジネフの死亡が確認され次第、通常の番組を打ち切って直ちに特別番組に突入することになった。中継のため外信部にカメラが入り、元モスクワ支局長のデスクがスタンバイした。煌々とライトがつき、緊張が高まった。この時、私に与えられた課題はラジオのモスクワ放送を聴いて、ブレジネフが死んだという公式発表を聞き取ることだった。第一報を聞き取るという重大な役目を三カ月前に外信部にあがってきたばかりの私がやることになったわけだ。

私の机の上に大きなラジオが置かれた。さあ困った。私は「死んだ」というロシア語は二つしか知らなかった。「ウーメル（病気で死んだ）」「パギープ（事故で死んだ）」という単語だけ。しかし、超大国の最高指導者が死亡した時に単に死亡したとは言わないだろう。日本でも天皇陛下が亡くなれば崩御されたと言う。どうしたものかと内心非常にあせっていた。ちょうどその時、地獄に仏というか、私の隣に座ってくれたのがNHKきってのロシア語の達人、大先輩のOさんだった。当時NHKの放送文化研究所に勤務されていた。そのOさんが、「山内さん、発表はきっとこうですよ」と言って、さらさらとロシア語の文章を書いてくれたのである。それは、その三〇年前に独裁者のスターリンが死亡した時の発表文だった。「ソ連共産党中央委員会とソ連最高会議幹部会、ソ連閣僚会議は深い悲しみをもって、同志スターリンが長い病気の末、死去したことを発表する」というものだった。死亡したという言葉は「スカンチャールシャ」が使われていた。「山内さん、あなたはこの死んだという言葉と、いつ何が原因で死んだのかを聞き取ってください」と言われた。

夕方の五時、モスクワ放送が始まった。「モスクワ郊外の夕べ」のテーマソングが流れたが、すぐには発表にならない。NHKは夕方五時のニュースで北京発共同電をもとに、「ブレジネフ書記長死亡か」というニュースを流した。そのあと、モスクワ放送のブレジネフ死去の公式発表が流れた。「同志ブレジネフ書記長が死去した（ブレジネフスカンチャールシャ）」と。私はOさんを見ながら、「ブレジネフが死亡しましたよね」と確認を取って、大きな声で、「ブレジネフ死亡！　ブレジネフ死亡！」と叫んだ。そのとたん、NHKはニュースを打ち切って、直ちにブレジネフ書記長死去という特別番組になだれ込んだのである。NHKが特番を始めた直後にソ連国営のタス通信の英語版がブレジネフ死去を速報した。今思い出しても冷や汗ものだ。

停滞の時代と深刻な物不足

こうして一八年間に及んだブレジネフ時代は終わった。当時のソ連社会は「停滞の時代」と呼ばれ、安定はしていたが、社会は低迷していた。人々は国家に頼りきり、命令を待つことに慣れ、閉塞感が漂っていた。一九八〇年代、ソ連は世界のコンピューター革命に完全に乗り遅れ、生産性の低下や消費財不足、新技術の導入の遅れなどで、低成長が続き、大きく停滞していた。「世界一大きいマイクロチップ」、「火を噴くテレビ」といった自虐的なジョークがこの時代の経済の実情を物語っている。

では当時、鉄のカーテンの内側で暮らす人々の生活はどうだったのか？　多くの人の話をもとに再現してみよう。モスクワの町を歩く大人の表情は不安げで、不機嫌な人が多く、手は重い買い物袋でいっぱいだった。商店の前にはおじさんやおばさん達が長い行列を作っていた。売り子にたどり着くまであと何人いるのか、それまで商品は残っているのか、みな不安だった。当時、バターもなかなか手に入らなかった。売り切れとなり、新たに運びこまれたバターをめぐって奪い合いが起き、殴り合いのけんかになることもあった。特徴的だったのは町を歩く際、多くの人が通行人の顔ではなく、相手の買い物袋を見ていたことだ。買い物袋を持った通行人を呼び止め、「その卵、どこで手に入れましたか？」と聞く。または親切な人が、「急いで肉屋さんに行きなさい。輸入物の鶏肉が出ている」と教えてくれる。この頃、輸入物の鶏肉は珍しく、市民の間ではベルギーの作家メーテルリンクの作品をもじって「青い鳥」と呼ばれていた。

食料問題は深刻だった。ここで活躍したのが各家庭の年金生活のおじいさん、おばあさんだった。彼らは食料品を求めて、毎日買い物袋を持って行列に並び、様々な食料品を手に入れてくる。特にバナナはソ連でも貴重品だった。当時バナナは昼間しか売られておらず、昼働いている人は買うことができない。そこで年金生活のおじいさん、おばあさんの出番というわけだ。

こうして行列に並ぶほか、食料品店の店長らと個人的に知り合いとなって、ひそかに商品を分けてもらう横流しも横行した。海外への旅行や出張の際に持ち込んだ外国製のカレンダーや香水、タバコなどのプレゼントと交換に、肉やジュースなどさまざまな食料品を手に入れることができた。これは一九七〇年代や八〇年代にソ連の各地で広く行われたことだ。計画経済は人々の日常の需要を満たすことができなかった。トイレットペーパーもなかなか手に入らなかった。店には時々しか入荷しなかったので、人々は一度にたくさん買いだめし、節約して使った。灰色で固く品質が悪かったので、使う前にはお尻を傷つけないように手でもんで柔らかくする必要があった。シャンプーも貴重品だった。一〜二種類しかなく、店にはあまり出回らなかった。練り歯みがきの代わりに箱に入った歯みがき粉がよく使われた。

この時代、人々の憧れの的だったのが西側のジーンズだった。若者ばかりではなく、大人もほしがった。外国で働いていた家族や観光客だけが持ち込むことができた。観光客が税関に持ち込めるジーンズは二本までとされていた。中にはジーンズを重ねてはいて税関を通り、闇市場で高値で売る人もいた。またジーンズは手に入りにくい商品と交換したり、良い学校に入るためのわいろとしても使われた。この時代、ジーンズは単なる衣服ではなく、ドルなどの外貨と同じ役割を果たしたのである。

鉄のカーテン

ブレジネフ時代、このような暮らしぶりをしていたソ連の人々は、西側をどのように見ていたのだろうか。

「バルト海のシュテッティンからアドリア海のトリエステまで、ヨーロッパ大陸を横切る鉄のカーテンが下ろされた」。一九四六年のイギリスのチャーチル首相の有名な鉄のカーテン演説である。これは冷戦時代の米ソ両陣営の分断や対立を象徴する言葉となった。ソ連はユーラシア大陸のほとんどを占め、ヨーロッパやアジアと何千キロもの国境を接する広大な国家だ。そうしたとてつもなく大きな国が鉄のカーテンで外部世界から隔絶されたのだ。ソ連政府は西側からの情報や物資、技術の流入を厳しく制限し、鉄のカーテンはソ連の人々の暮らしに大きな影響を与えた。当時これは「国境にカギをかける」と言われた。

そうした厳重な鉄のカーテンを少し開けてみせたのがフルシチョフだった。独裁者スターリンが死亡したあと、ソ連共産党の第一書記に就任したニキータ・フルシチョフは一九五六年二月、第二〇回党大会で衝撃的なスターリン批判の演説を行った。スターリンの個人崇拝や彼が多くの反対派を粛清したことを厳しく批判するとともに、西側との平和共存を打ち出した。この時代は「雪解け」と呼ばれ、社会の雰囲気は大きく変わった。人々は高揚や希望を感じた。「空気に春の匂いがした」。当時を振り返って多くの人がこう述べている。

西側との関係改善を印象づけたのが、一九五九年九月、フルシチョフがソ連の最高指導者として初めてアメリカを訪問したことだった。訪問は一三日間に及んだ。フルシチョフはアイゼンハワー大統領と四回も会い、トウモロコシ農場などを訪れた。あけっぴろげでユーモアのセンスがあったフルシチョフはソ連は恐ろしい存在ではないと訴え、アメリカのメディアや国民の関心を集めた。訪問はソ連と欧米との関係改善に大きな役割を果たした。フルシチョフの西側への積極姿勢の背景には西側の技術や経験を取り入れ、悪化していたソ連経済を立て直したいという思惑があった。フルシチョフに続いて、ソ連社会のさまざまなグループが少しずつ鉄のカーテンを越えて西側に出ていくようになった。はじめは共産党の特権階級、その後は芸術や文化の活動家、そして模範的な普通の市民へと、訪問を許される人は増えていった。

鉄のカーテンを少し上げてかいま見た西側の現状はソ連の人々にとって衝撃的なものだった。西側に行ったのは、多くがしかるべき機関からチェックを受け、国家がイデオロギー的に正しいと認めた人々ではあったが、自分の目で西側の現実を見て、精神的・

文化的なショックを受けた。彼らを驚かせたのはきれいな通りや美しい街並み、手入れのよい公園だった。そして何よりも街ゆく人たちが笑顔で幸せそうで、服装も良かったことだ。食料品店の品ぞろえも豊富で、チーズやソーセージは何十種類もあった。

こうして見た西側の現実はソ連の宣伝が描く恐ろしい絵とは全く一致しなかった。欧米の社会は失業率が増大し抗議デモが頻発するなどひどい状態であるのに比べ、ソ連社会は段階的に共産主義の理想に近づいていると聞かされていた。しかし、実際の暮らしは全く逆のものだった。こうしてブレジネフ時代が終わる八〇年代はじめごろまでには人々の間には共産主義の理想や共産党の指導体制への冷淡な態度が目立つようになり、人々の不満はつのるばかりだった。

ゴルバチョフ登場

長かったブレジネフ時代のあとに登場したのがゴルバチョフだった。一九八五年三月、ミハイル・ゴルバチョフは五四歳の若さで、共産党の書記長に選出された。ゴルバチョフは停滞していたソ連社会を立て直すため、ペレストロイカ（改革）、グラースノスチ（情報公開）、新思考外交という画期的な政策を打ち出した。

ゴルバチョフは社会の状況を現実的に評価しながら、幅広い分野で民主化や社会経済発展の加速化を進めた。個人営業が認められ、町にはコーペラチフ（協同組合）のカフェやレストラン、商店が現れた。価格は国営のものよりもはるかに高かったが、人々はサービスが良いことや選択肢が増えたことを喜んだ。若者は好んでコーペラチフのカフェに行った。メニューは多くはなかったが、人々は気持ちのよい店で友達とコーヒーを飲むことができるようになった。こうしてさまざまな市場経済が現れ始めたが、すべてが成功したわけではなかった。コーペラチフは国営企業から原料を仕入れたが、それは最も質の良いものではなく、必要な量が手に入るわけでもなかった。ゴルバチョフの経済改革は必ずしも考え抜かれたものではなく、あまり良い結果をもたらさなかった。

グラースノスチ

ゴルバチョフが始めた最も重要な改革はグラースノスチだった。これは単に国が情報を公にするだけではなく、言論や出版、集会の自由を幅広く認め、タブーとされてきた問題もオープンに議論できるようにするというものだ。人々の間には社会主義体制への強い不信感や経済状態への不満が渦巻いていた。社会的な不平等もその一つだった。党のノメンクラトゥーラ（特権階級）とその他の人々という二つの階層の生活は大きく異なっていた。ソ連の反体制作家ミハイル・ヴォスレンスキーによると、特権階級は一九七〇年代には七五万人、家族も含めれば三〇〇万人で、人口の一・五％を占めていたという。店の棚から物資がなくなった時も、党の上層部の人々は質のよい食料品や日用品を特別の分配システムを通じて受け取っていた。看板やショーウィンドーのない店。その中は市民が見たこともない豊富な物資であふれていた。商品は安い値段で選ばれたカテゴリーの人々に売られた。こうした社会的な不平等はすでに一九七〇年代には人々に広く知られていたが、これは国への信頼を失わせる時限爆弾となった。

グラースノスチはこうした不満が詰まっていた水道の蛇口を開け放った。若く精力的なゴルバチョフの登場に人々は光を見出した。仕事もそっちのけで、テレビやラジオのゴルバチョフ演説に聞き入った。そこには鋭い批判があり、まともな感情や考えがあった。生活が良くなるかもしれない、社会主義体制の改革が可能かもしれないという希望が生まれた。

ゴルバチョフは、以前なら人々が台所でこっそりとささやいていたことを公式の場で大きな声で発言した。人々は初めて国の出来事に関心を持ち始め、どん欲に新聞や雑誌を読んだ。多くのタブーが打ち破られ、人々は自分の意見を言い、議論し、批判するようになった。グラースノスチは多くのことをもたらし、生活は大きく変わっていった。

様変わりしたテレビ

テレビも変わり始めた。ソ連でテレビが家庭に普及したのは一九七〇年代後半のブレジネフ時代だった。以前、人々はスポーツや旅行番組などイデオロギーに関係のないものを見るのを好んでいた。ゴルバチョフ時代のテレビの特徴は若者向けの番組が多くなり、討論番組が現れたことだ。「視点」、「真夜中前後」、「六〇〇秒」。こうした若者向けの番組はいずれも生放送だった。それまでテレビの生放送は共産党書記長の演説だけだった。多くの視聴者が強い関心をもって新しい番組を見た。

もう一つの新しいことは外国の連続テレビドラマの放映だった。一九八八年に放送されたブラジルのシリーズ『女奴隷イザウラ』は市民をテレビの前にくぎ付けにした。複雑な愛、ヒロインの苦しみ、抱擁とキス。これが視聴者を圧倒した。世界的な名作ではなかったが、ソ連の市民にとっては新鮮なものだった。これはソ連とは別世界の、ほとんどパラレル・ワールドの色鮮やかな日常だった。しかし、人々は体制や国が違っても、人間は愛し、泣き、悲しむことを見た。人々を引きつけたのは、パラレル・ワールドの住人と自分たちとの間に多くの共通点があったからだ。

視聴者は新しいシリーズを見逃さないようにテレビの放送時間に日々のスケジュールを合わせた。ドラマの背景に映る美しい家やインテリア、風景。これは鉄のカーテンの向こう側の生活についての「情報」だった。数カ月間、ヒロインの女性の生活がいたるところで人々の話題になった。家庭の主婦向けに作られたシリーズだが、女も男も子供も皆が見た。シリーズの放送中、大都市の生活がストップしたかのようだった。人々はヒロインの苦しみを真剣に受け止め、自らの困難な日常生活やみじめな経済状態と重ね合わせた。この初めての外国産テレビドラマはある意味で政権側にとって一時的な助けになった。人々の生活の不満のはけ口となったからだ。

ゴルバチョフ改革の失敗

世界の注目を集めたゴルバチョフの改革だったが、結局は失敗に終わった。それには多くの原因があった。第一に経済改革がうまくいかず、暮らしが一向に良くならなかったことだ。改革には保守派や官僚機構が抵抗し、ゴルバチョフは途中で経済改革よりも政治改革を優先せざるをえなかった。原油価格がこの時代、一バレル＝一〇〜二〇ドルと安値で推移したこともソ連経済に大きな打撃を与えた。第二に改革の進め方をめぐって保守派と改革派が激しく対立したことだ。保守派は改革が行き過ぎだとして秩序や統制の強化を主張した。これに対し、改革派は改革のスピードが遅いとして徹底した改革を求めた。双方がゴルバチョフ個人と改革の進め方に強い不満を表明した。しかし、ゴルバチョフは社会主義体制を維持しようとし、共産主義思想を放棄することは考えもしなかったこともあって、改革は中途半端なものにならざるを得なかった。

一方、人々は共産主義のプロパガンダと現実との大きなギャップに深く失望していた。遠い将来の共産主義には誰も関心がなく、今ここで良い暮らしがしたかった。この時代は最も暗い時代の一つだった。街灯は消え、人々には寒さと飢え。明日どうなるのか誰も分からず、絶望感が漂っていた。変動の毎日が数年も続き、皆昔の暮らしはもうやってこないと認識していた。人々は毎日をどう生きるか、今ある問題をどう解決するのか、自分の生き残りに集中していた。

一九八八年三月には、一一人の子供のいるオヴェチキン一家が東シベリアのイルクーツクからレニングラードに向かう旅客機を武力で乗っ取るという事件が起きた。目的はロンドンへの亡命だった。この一家は物不足と行列だらけのソ連の現状に絶望し、西側での良い生活を求めた。子供たちは以前音楽グループを作り、公演のため資本主義諸国を回り、別の世界の生活を見たことがあった。家族は残りの人生をソ連で暮らしたくはなかった。このため武器と手製の爆弾で大胆な犯行を決意したが、試みは失敗した。飛行機は着陸し、レニングラード州で警官に囲まれた。突入作戦の末、母親のニネリ・オヴェチキナと四人の息子、乗客や乗務員などあわせて九人が死亡した。もし一家が、鉄のカーテンが消滅し、ソ連国民が自由に出国できるまであとほんのわずかだと知っていたら、こうした事件は起きなかっただろう。

マクドナルドの衝撃

一九九〇年一月三一日。ある出来事が人々の大きな関心を集めた。それはモスクワの中心部プーシキン広場の近くにアメリカのハンバーガー店マクドナルドの第一号店がオープンしたことだ。厳しい寒さの中、店の前には数千人が行列を作った。お年寄りも若い人も、あらゆる階層の人たちがアメリカの象徴ハンバーガーを試してみようと何時間も待った。マクドナルドはこの一日だけで三万食以上を売り上げた。それはソ連の市民にとって素晴らしい体験だった。すべてが人々を驚かせた。きれいな看板やインテリア、トイレットペーパーや手を洗う液体洗剤のあるトイレ、ハンバーガーや飲み物、きれいな包装、ロゴマークのついた紙ナプキン。人々はハンバーガー、フライド・ポテト、シェイクを味わうため、数時間待つこともいとわなかった。値段はビッグマックが三ルーブル七五コペイカ。当時の平均賃金は約一二〇ルーブルで、決して安くはなかった。中でも人々を驚かせたのが笑顔ではつらつと受け答えする店員の応対だった。

当時のソ連ではレストランは市民には手の届かないものだった。値段が高いからだけではなく、単に中に入ることができなかったからだ。ドアマンにわいろを払う必要があり、給仕は不親切。注文しようとしてもあれもこれも料理は品切れ。出てくるまで長い時間がかかる。ソ連時代、人々は外で食事をするのが好きではなかった。カフェやレストランが少なかったばかりではなく、外で食事をすると嫌な思いをすることが多かったからだ。しかし、マクドナルドでモスクワっ子はきれいな制服を着た店員の笑顔の応対に感激した。この西側のファストフード店は赤の広場と並んでソ連各地からモスクワにやって来る市民が必ず訪れる観光スポットとなった。それはオープンから数年間続いた。

ソ連にマクドナルドが出現したことは非常に大きな意義があった。それはマクドナルド現象とも呼べるもので、マクドナルドとは欧米のライフスタイルへの窓であった。多くの人々、特に若者は「もうすぐ生活が変わる。これまで手の届かなかった多くの新しいものがやってくる」と受け止めた。マクドナルドが果たしたもう一つの重要な役割は、西側のマネージメントを学ぶ最初の学校となったことだ。最初の数年間、マクドナルドにはソ連で最も権威のあるモスクワ大学やモスクワ国際関係大学などから多くの若者が働きに来ていた。従業員の募集は大衆紙の求人広告を通じて行われ、開店時には実に二万五〇〇〇人が応募した。選抜はソ連共産党の青年組織コムソモールよりも厳しく、外国語やコンピューターの知識を持った優秀な若者が集まった。彼らは西側の企業での仕事のやり方や運営、決定方法などをどん欲に吸収した。マクドナルドで働いた最初の若者たちはその後、ソ連崩壊後に現れた企業で重要なポストを占め、活躍することになる。

鉄のカーテンが消えた！

一口に鉄のカーテンの消滅といっても、それは段階的なプロセスだった。しかし、ソ連で鉄のカーテンがなくなった日として一九九一年五月二〇日をあげることができる。この日、ソ連最高会議で「ソ連国民のソ連からの出国とソ連への入国の手続きについて」という法律が採択された。ありえないことが起こった。鉄のカーテンが消えたのだ。国外への出国を阻んでいたカギが外れ、閉鎖された国境の時代は終わった。鉄のカーテンの制限を体験してきた人々にとってこれは魔法のような、まるですべてのバリヤーが突然消えたような感じだった。

人々はこれを熱狂的に受け止めた。国境のない世界が開けた。誰からも指図されず、どこでも好きなところに行ける。すべては自分の努力にかかっている。若者は懸命に計画を立て始めた。外国の大学に留学する。外国のパートナーとともにビジネスをする。そのために何をすべきかはそれほど重要ではなく、重要なのはそれが可能になったことだ。人々は自分の力で西側に行き、金を稼ぎ、経験や知識を得て、それを自分の国に持ち込むことができる。ヨーロッパのようにまもなく自由で民主的な社会に生きることができると信じた。実際、数十年後にそうなった。すべての困難にもかかわらず、ロシアの生活は目立って良くなった。変化には人々が当時考えたよりもはるかに多くの時間がかかったけれども。

こんな生き方はもうできない

多くの点でこうした社会の雰囲気を表したのがスタニスラフ・ゴヴォルーヒン監督の映画『こんな生き方はもうできない』だった。映画は一九九〇年に作られた約二時間のドキュメンタリーで、ソ連社会の危機的な状況とその原因が厳しく批判的に描かれている。頻発する犯罪、権力についた犯罪者たち……こんな生き方はもうできない。最前線からのリポートという構成で、マフィアによる犯罪や汚職、社会の分裂、国家体制の危機、貧困、物不足、モラルの崩壊といった社会の病的な姿が取り上げられている。ゴルバチョフは社会にコンセンサスを呼びかけたが、皮肉なことに、一九八〇年代末にはこんな生き方はもうできないというのが社会のコンセンサスになった。社会には今の生き方は正常ではない、人間らしく生きたいという願いや、隔絶された国ではなく自由で民主的な世界の一員として暮らしたいという意識が生まれていた。

人々はこの時すでにゴルバチョフに対して強い不満を抱いていた。日々の生活が耐えがたいほど厳しく、社会・経済的な状態が良くなるという願いが一向に実現しなかったためだ。グラースノスチと民主化だけが成功した形だが、人々はそれを正当に理解したとは言えなかった。

それでも、ゴルバチョフの登場が社会の雰囲気に大きな変化をもたらしたのは確かだ。それらがすべて物質的ではないものばかりだったとしても。重要なのは権力に対する恐怖感がなくなったことだ。以前は公の場で共産党を批判するのはタブーだった。それが今や党の路線に従う必要はなくなり、人前で自分の考えを述べ、公然と当局を批判してもＫＧＢ（国家保安委員会）に逮捕されることはなくなった。

クーデター未遂事件

一九九一年八月一九日、モスクワで保守派によるクーデターが起きた。クーデターは副大統領や国防相、ＫＧＢ議長、内相らが起こしたものだ。彼らはソ連の構成共和国の緩やかな国家連合による連邦制の維持を目指した新連邦条約の調印に反対し、秩序の回復と従来の連邦の死守を目指した。ゴルバチョフは滞在先のクリミアの別荘に軟禁された。これに対して、改革派のリーダーのボリス・エリツィンは戦車の上に乗ってクーデターを批判し、国民に抵抗を呼びかけた。クーデターはわずか三日間で失敗に終わった。ゴルバチョフは無事、モスクワに帰還したが、権威は失墜。エリツィンの権力がゴルバチョフをしのぐようになった。こうした中、バルト三国など構成共和国が次々に独立を宣言。事件は四カ月後のソ連崩壊のきっかけとなった。

この事件を人々はどう見ていたのだろうか？　当時社会では突然手に入った自由はすでに空気のように受け取られていた。それはあるが、誰にも見えず、評価もされなかった。それが八月の事件で試練にさらされたのである。多くの人が、グラースノスチや自由が一気に消えてしまうのではないかという恐怖を感じた。すべてが逆戻りする、再び国境にカギがかけられ、国が孤立してしまうことを人々は恐れた。

戦車の上でクーデターを非難するエリツィン（1991年8月19日）［写真：AP／アフロ］

モスクワ市内には数百台の戦車や装甲車が出動した。一方、若者など非常に多くの市民が市内に集まった。重要なことは改革やグラースノスチ、民主主義を守ろうと、人々が自分の意思で来たことだ。彼らはソ連に反対したのではなく、国の崩壊を願っていたわけでもない。彼らは単にソ連を良い方向に変えたかったのだ。

こうした中で活躍したのはラジオ局「モスクワのこだま」だった。変革を求める若いジャーナリストたちはホワイトハウスの中に拠点を設け、すべての動きを随時放送した。この熱き日々、このラジオ局は人々が信頼できる希望のメガホンとなった。皆がこの放送を聞き、情報の空白は避けられた。薄暗がり、雨の中、人々はレインコートやビニールシートをかぶり、受信機をこのラジオ局の周波数にあわせ、耳に押し当てた。

当時ゴルバチョフは連絡が取れずにクリミアの別荘に「人質」になっていた。人々にはそれは国が危機に陥った中での裏切りや逃避と映った。彼のモスクワへの帰還の映像が皆の記憶に残っている。飛行機のタラップから彼と肩かけをつけた妻のライサと孫が下りてくる。一家の姿は難民を思い出させ、ゴルバチョフはみすぼらしく、弱く、敗者と映った。厳しいソ連では弱いものは好かれない。社会ではクーデターにおけるゴルバチョフの役割が議論され、彼への不信感が現れた。多くの人が、ゴルバチョフはこの陰謀事件の消極的な参加者ではなかったのかと疑い始めた。ゴルバチョフがエリツィンと難しい関係にあったことなどが、人々に、ゴルバチョフは事件の犠牲者ではなく首謀者の側だったのではないかという疑念を抱かせた。

事件で勝利したのはホワイトハウスの周辺に集まったモスクワっ子たちだった。彼らは戦車や制裁、軍事衝突も恐れなかった。彼らは数日間、夜も街頭に立ち尽くした。一九九〇年代のソ連には抗議運動や自発的な集会の文化はなかった。自分たちの価値、民主主義や自由のために、一体何日立ち続けるのか、誰も知らなかった。事件のあとも数日間、革命的な機運は続いた。ＫＧＢ本部前の広場にある治安警察の初代長官フェリクス・ジェルジンスキーの銅像が引き倒された。革命ともいえる八月の事件は多くの人々に民主主義への確信を深めさせた。古い世代の人々はこの時、怖がらずにホワイトハウスの周りにいた自分の孫を誇りに思った。

しかし、事件から二五年余りたった今、クーデター阻止に立ち上がった人たちを英雄や真の民主主義者とみなす人はほとんどいない。なぜなら一九九〇年代のその後の出来事が社会に多くの痛みと損害をもたらしたからだ。二〇一六年にロシアの世論調査機関レヴァダセンターが行った調査によると、五〇％がクーデターを覚えているのに対して、四八％は起きたことを覚えていない。八月のあの日々、絶対的な権力を持っていたソ連共産党を終わらせた民主革命が勝利したと認めているのは八％にすぎない。三五％がこれは国の指導部内の権力闘争に過ぎないという冷めた回答を示している。三〇％は国と国民にとって破滅を招いた悲劇的な出来事だったととらえている。

残る家父長社会の痕跡

鉄のカーテンの消滅は市民生活に多くの新たなものをもたらした。すぐにではなかったが、さまざまなポジティブなものが現れた。西側の進んだ制度や生き方、多様性や競争、優れたマネージメント。そうしたものはソ連には単に存在していなかった。市場経済、消費者優先のサービス、さまざまな分野の私企業、民間の病院や私立の学校、世界的なブランドの洋服、電化製品、世界的なチェーンのホテル、そうしたものはすべてソ連には存在しなかった。鉄のカーテンの消滅で海外の情報や経験を得ることができるようになった。人々は自由に出国し、旅行し、また海外で教育を受け、海外で見聞きしたことをロシアに持ち込めるようになった。こうしたことは新たな職業や新たな教育機関の登場にもつながった。

物不足も最終的になくなった。当時物不足を経験した人でさえ、今、過去の現実を信じられない思いで振り返る。ただ時々必要以上にたくさん買い、たくわえをしておくという習慣が過去のことを思い起こさせるだけだ。今の若い世代にとって両親や古い世代がいかに暮らしていたか理解するのは難しい。お年寄りの話は彼らにはナンセンスか誇張に感じられる。

ロシア社会は急速に商品の豊富さや幅広いサービスに慣れていった。資本主義的なライフスタイルのプラス面は多くの人に自然に受け入れられ、そのためかえって気づかないものとなった。物の豊富さや市場の発展はもちろん社会の発展にとって無条件のプラスだ。人々の基本的な需要を満たすことなしには、社会の発展や進化、自尊心、相互信頼の雰囲気もあり得ないからだ。

一方、鉄のカーテン消滅後も残るソ連のマイナスの遺産もある。それは四半世紀経った今も残っているし、国の発展にも影響を与えている。それはまず長年否応なしに社会主義の道を歩んできた社会が、世界や西側の先進諸国との断絶を認識したことだ。これは人々の間に、自分たちが西側と競争してやっていけるのか、西側に匹敵する商品を作れるのか、優れた教育や保健の制度を作れるのか、きちんと機能する政治制度を作れるのかという猜疑心や不信感を呼び起こした。

もう一つのマイナス面は鉄のカーテンに隠れて何十年も生きてきたソ連社会が、市場経済の原則、自由な競争などに対して準備ができていなかったことだ。市場経済の導入などの多くのプロセスは、全体主義体制の下で育ったソ連の人々にとっては非常に困難でつらい体験だった。ソ連では国民と国家との間に特殊な相互関係ができていた。それはおびえる子供と厳しい父親との関係になぞらえることができる。子供は従順で、父親は子供を罰するかアメを与える。一方、子供は助けがなくては何もできず、自分の生活に対応できないため、すべての恩恵を父親から受けることを期待する。これは完全なパターナリズム（家父長主義）だ。ここから選挙や民主主義といったソ連崩壊後のロシア社会の多くの制度の特性が生まれている。

　今のロシアの指導者は社会にソ連時代の刻印を押そうとしている。ロシア社会は民主主義への準備ができていない、もし社会に選択の自由を与えれば、変なものを選んでしまうだろう、だから選択させるのではなく与えてやらなければならない、と。ここから今のロシアの政治経済の多くのゆがみが起きている。管理される民主主義、真の野党がないこと、市民社会が発展していないこと、報道の自由が制限されているメディア。そうした状況は経済のアンバランスをも生んでいる。一握りの新興財閥や巨大な国有企業。社会は人々に自由を与えることを恐れる「父親」にコントロールされている。

　ロシアの土壌に持ち込まれ、根付いた西側のブランドやサービス、西側の消費のスタンダード。しかしそれは鉄のカーテンの消滅後に起きた物事の半分の側面にすぎない。現代ロシアにおける多くの否定的な現象はソ連時代という過去、ソ連社会の制度や習慣に深い根を持っている。

第二章 ―― こんなはずではなかった

ソ連からロシアへ、社会主義から資本主義へ、計画経済から市場経済へ。ソ連崩壊によって国もイデオロギーも経済も何もかもが一気に変わったロシア。しかし、豊かな社会を夢見た人々の期待は早々に裏切られることになる。ロシアは一九一七年の革命や第二次世界大戦に匹敵するといわれる未曽有の困難に直面した。「こんなはずではなかった」。人々の失望感は大きかった。一九九九年の大みそか、突然辞任を表明したエリツィン大統領は人々の夢がかなえられなかったことを涙ながらに謝罪した。

「私は皆さんに許しを請いたい。皆さんの多くの夢がかなえられなかったことに対して。簡単そうに見えたことがとても難しかった。私は灰色の停滞した全体主義的な過去から、明るい豊かな文明社会に一気に移れると信じた人の希望を実現できなかったことをお詫びする。この点について私は余りにナイーブだった」。

ソ連崩壊後のすさまじい混乱の記憶はロシアの人々の脳裏に強く焼き付いている。今、プーチン政権下で大規模な反政府デモが時々起きているが、深刻な政情不安には至っていない。その背景には当局が厳しく取り締まっていることもあるが、人々の側にも一九九〇年代の混乱を繰り返してはならないという思いがある。それに混乱の一方でこの時代にロシアに市場経済が徐々に根付いていったこともまた確かなのだ。この章では鉄のカーテンがなくなったソ連崩壊後の混乱の時代をロシア国民がどう生きたのかを見ていき、その記憶が現代のロシア人のメンタリティにどう影響しているか考えたい。

ゴルバチョフを超えた男

一九九一年八月、クーデター阻止の先頭に立った改革派のボリス・エリツィンは一躍国民的な英雄となった。ゴルバチョフ政権下では改革派のリーダーだったが、保守派と対立し失脚した。しかし、国民の支持を得て、新たに創設された人民代議員大会の代議員に当選し、奇跡的に政治的な復権を果たした。その後、エリツィンはロシア共和国を足場にゴルバチョフと競争関係になったが、クーデターを阻止したことで力関係は逆転し、ゴルバチョフをしのぐ権力を持つようになった。

このクーデター未遂事件がきっかけとなって四カ月後の一九九一年一二月にソ連は崩壊した。エリツィンはウクライナやベラルーシとの独立国家共同体を創設し、ソ連の消滅を宣言するなどソ連崩壊に決定的な役割を果たした。エリツィンにはカリスマ的な権威があり、ソ連崩壊に向けた彼の行動に当時、深刻な疑念は生じなかった。

エリツィンはソ連で初めてのポピュリストの政治家だった。国民の前で話すことを恐れず、国民の支持を力に変え、逆境を切り抜けてきた。恐ろしいほどの破壊力を持った人物で、ソ連という国家や共産党、社会主義、計画経済をたたき壊した。予測不能な戦術家で、自ら危機を作りだし、相手を脅して寸前で切り抜ける瀬戸際戦術が得意だった。

そのエリツィンを国民はどう見ていたのか？　エリツィンはクーデターという重大な危機の最中に戦車に上がるのを恐れず、国民に抵抗を呼びかけるなど、強く勇気のあるリーダーであることを行動で示した。国民はこの時の行動を高く評価した。共産党への信頼が完全に失われ、新しいリーダーが求められた時に現れたのがエリツィンだった。しかし、二〇一六年一二月、ソ連崩壊二五年にあたって世論調査機関レヴァダセンターが行った世論調査によると、五六％がソ連崩壊を遺憾に思うと答えている。その理由として、「経済ネットワークの崩壊、大国意識の喪失、相互不信頼の増加」などをあげる人が多かった。

市場経済化の開始

当時、政府も国民も、まもなくヨーロッパのように自由で豊かに暮らせるようになると期待した。急速な変化を信じ、あとちょっとしたことだけが必要なのだと考えていた。皆、ヨーロッパでは市場関係を形成するのに長い年月がかかったことを忘れていた。

一九九二年の初め、エリツィンは改革のスタートにあたって、国民に「困難だが、六〜八カ月たてば最初の目立った改善が現れる。物価は三〜四倍を超えることはない」と断言し、失敗した場合、彼は「線路に寝る」と約束した。彼は計画経済から市場経済にすばやく移れるとナイーブに信じていた。エリツィンだけではなく、五〇〇日間で市場経済への移行を主張した急進改革派の政治家グリゴリー・ヤブリンスキーもそうだった。エリツィンは「ショック療法」と呼ばれる急激な市場経済化が国民にどのような深刻な結果をもたらすのか理解していなかった。逆説的なことだが、急激な改革は結果への恐れがなかったことで可能になった。エリツィンは非常に大きな権威を持ち、戦車に上がってクーデターに立ち向かったイメージはまだ死んでいなかった。

一九九二年一月、エリツィンは急激な市場経済化の第一弾として価格の自由化に踏み切った。ソ連の計画経済で安く抑えられていた統制価格を撤廃し、商品の価格は市場の調整機能にゆだねた。政府はこの措置によって商品が棚に戻ることを期待した。価格の自由化によって、ハイパー・インフレーションが起き、一九九二年だけで消費者物価は二六〇〇％上昇、実質ＧＤＰは一四・五％も下落した。ルーブルは一気に価値がなくなり、多くの人が給料をもらうとすぐにドル替えに走った。

一方、価格の自由化によって商品はかなり早く棚に戻った。はじめに国産のものが少し、その後、西側との関係が発展するにつれて輸入品が出回るようになった。その後はさらに輸入の食料品が増える傾向が強まり、長い間、輸入の食料品（牛乳、肉、野菜、果物）の割合がロシア産のものを上回り、輸入依存の状況となった。食料品の輸入が増加した原因は二つあった。一つはロシア国内の工場が軒並み操業停止に陥り、生産が大きく低下したこと。もう一つは大きなロシアの市場に目を付けた西側諸国やアジア諸国から安い食料品が大量に流れ込んだためだ。

バウチャー民営化

さらにエリツィン政権は一九九二年一〇月、国有企業の資産の民営化を開始した。人々にはバウチャーと呼ばれる民営化小切手が無償で配布された。バウチャーとは中小の国有企業の株式を取得する額面一万ルーブルの権利証書のことで、人々はこのバウチャーと引き換えに民営化企業の株式を手にした。バウチャーによる民営化の目的は「幅広い所有者の階層を作り出す」というものだった。これは簡単なことではなかった。ソ連時代、所有という概念がなく、人々は所有とは何かさえ知らなかったからだ。

人々にはバウチャーという外国語の名前の、全く知らない紙が配られた。その後、この紙を一万ルーブル分の国有物の一部と交換するとされていた。一体どうやってそんなことができるのか？　民営化の責任者アナトリー・チュバイス副首相は、「このバウチャーで車のヴォルガ二台が手に入る」と言った。ヴォルガはソ連で最も高級な国産車の一つとみなされ、物不足の時代にそれを手に入れられるのは運の良い人だけだった。人々はチュバイスの言葉をまやかしだと受け止めた。なぜなら当時ヴォルガを一万ルーブルで手に入れるのは不可能だったからだ。それも二台も。しかもわけの分からない紙で。

しばらくして地下鉄や交差点、市場などに首に「バウチャー買います」という手書きの紙をぶらさげた男たちが現れた。彼らは自分のバウチャーを売りたいという希望者を待った。人々には理解しがたい紙は、はるかに安い価格、二〇〇〇、三〇〇〇、四〇〇〇ルーブルで買われた。市民はバウチャーの代わりに実際に使える金を得て喜び、その金で一週間分の食料品などを買った。一方、金を持った目ざとい人は静かにたくさんのバウチャーを買い集め、企業の株式を手に入れた。

人々は資本主義経済について必要な知識がなかったし、民営化の意味やバウチャーとは何かも知らなかった。政府も詳しい説明をほとんどしなかった。本質的なことへの理解がなかったことがその後の民営化の結果に影響を与えた。そのため、「幅広い所有者の階層を作り出す」という政府が表明した本来の目的には結び付かなかった。人々はだまされたと感じ、バウチャーによる民営化は国民の目には完全な失敗と映った。

民主主義に疑問

市場改革が始まった一九九二年の末までには、すでにすべてがエリツィンや国民が考えていたのとは全く違う状況になっていた。ヨーロッパの生活スタイルを手に入れるまでには程遠いことが明らかになった。エリツィンは約束したが、線路には寝なかった。世論調査機関によると、エリツィンの支持率は「ショック療法」のこの一年足らずの間に五〇%から二〇%に大きく落ちこんだ。

経済状況が悪化したことは民主化にも否定的な影響を与えた。第一に社会では市場改革と民主化の二つの違うプロセスが一つのものとして受け止められた。多くの人は痛みの伴う改革、物価の大幅な上昇、大量の失業、これが民主主義だと受けとめた。第二に民主主義は無制限の自由、やりたい放題と結びつけられた。社会が混乱し、モラルや規律がゆるむ中、人々は、生き残るためには何をしてもかまわない、というのが民主主義だと理解した。第三に、当初社会は古いソ連体制への抗議から、共産主義に代わるものとして民主主義を支持した。しかし、工場の操業停止や長期にわたる給料や年金の未払いが続き、改革に失望した人々は民主主義は共産主義よりも良くはないと受け止めた。

こうした社会の雰囲気は当時、ロシア全国で極右勢力が急速に台頭したことに現れている。一九九三年一二月のロシア下院選挙で極右政党のロシア自由民主党が第一党に躍進したことは内外に大きな衝撃を与えた。党首のウラジーミル・ジリノフスキーはロシア帝国の復活やアメリカに対してアラスカの返還を要求するとともに、北方領土の返還を主張する日本に核爆弾を落とすと脅すなど過激な言動で注目を集めた。極右勢力の台頭の背景には生活が急激に悪化した人々の市場経済や民主主義への強い抗議や怒りがある。私は当時ウラジオストク支局に勤務していたが、選挙でこの極右政党が極東地域でも大きな支持を集め、ソ連崩壊後のロシアが危険な方向に向かい始めたことを知ってがく然としたことを覚えている。

成功した商売の自由化

他方で、市場経済化で大きな成果をあげたのが一九九二年一月の商売の自由化だった。商売は事実上何の制限もなく、あらゆる所で行えるようになった。目的は二つ。一つは物不足をなくすことで、これはかなり早く達成され、空っぽの棚はなくなった。もう一つはソ連時代のように国家の援助に頼らず、人々が自ら金を稼ぐこと、企業家精神を呼び起こすことだった。商売の自由化は非常に幅広いチャンスを与え、市民は積極的に反応した。

街は大きく変わり、広場や通り、地下道などいたるところで商売が始まった。人々は持ち込んだ商品を果物の木箱やボール紙の上に並べた。モスクワをはじめロシアの各地でこうしたことが起き、多くの人が参加した。毛皮の帽子をかぶった化粧の濃い女性が燻製の大きな魚を持って立っている。おばあさんは野菜やニンニク、酢漬けのキャベツを、マフラーをした体格のよい男性は鳥かごを持っている。アスファルトにバラ色の布を敷き、ハンドクリームや口紅を置いている人、子猫や子犬を売っている人もいた。ここには日常の必需品が何でもあった。

まもなく外国製のたばこやチューインガム、チョコレート、アルコールを売るキオスクが現れた。多くの人は家族に何か買って帰れると喜んだ。紅茶にクッキー、ウィスキー、ビール、ナッツの詰め合わせなどは、これまで知らなかったものだ。生活は新たな色彩や味覚に彩られるようになった。キオスクの所有者は毎日の経験を通して、消費者が何を好むか研究し、品ぞろえを工夫した。彼らは実践で商売のやり方を覚え、金を稼いだ。

自由な商売に加えて、外国から輸入関税を払わずに商品を持ち込めるようになったことも経済を活気づけた。企業家精神に富む人たちは積極的に外国に飛び出し、遠く中国にまで買い出しに向かった。そこでは貧しい人々が必要としていた安い商品を買うことができた。こうした人たちは「担ぎ屋」と呼ばれ、一九九〇年代初めという時代のシンボルとなった。買い出しにいった多くの人々がロシア各地のバザールに商品の山を持ち込んだ。モスクワでは中心部にある大きなルジニキ・スタジアムが貧しい買い物客の消費天国となった。

典型的な担ぎ屋の生活。買い出しは男女五～七人のグループで行動する。三〇～三五歳、多くが家族だった。女性は大量の買い物の際、商品を選ぶ役目だ。女性の方が消費者の好みをよく知っている。男性はグループの安全を確保する。勇気ある彼らは、中国の言葉も習慣も知らずに北京の大きな小売市場に飛び込み、中国人とジェスチャーで交渉し、ロシアに多くの商品を持ち帰った。

特に人気があったのは実用的なジョギングシューズだった。ロシアの若者はロゴやシンボルマークのついた外国製のジョギングシューズにあこがれていた。値段は皆が買えるようなもので、中国人はジョギングシューズの世界的に有名なマークをうまく模倣していた。こうした人気商品やおしゃれな衣服を持ち込み、大都市の取引場所で売りさばいた人がたちまち金持ちになった。彼らの毎月の給料は最大一万ドルに達した。当時モスクワの平均的な三人家族は月二〇〇ドルで生活していた。ただ、市場経済導入の初期に行われたのは、多くがこのように外国から持ち込んだ商品を単に転売するもので、商品を生産するようなものではなかった。

深刻な治安の悪化

市場経済化に伴って新しい職業やビジネスが生まれた。治安の悪化に伴い、警備関係の仕事も大きな需要があった。ソ連時代とは違って、民間の警備活動が許可され、市場、店、外貨の交換所、銀行、個人などすべてが警備された。警備会社は大量に解雇された軍人や内務省の年金生活者によって作られた。この仕事は職を失ったすべての人の大きな助けになった。警備員の中には研究員やエンジニア、工場労働者、地方からやってきた人もいた。警備に大きな需要があったことは、社会に警備する人と警備される人という不平等が生まれていることを示すものでもある。このようにして一九九〇年代の初めには一〇万人の警備員が現れ、その数は現在ロシア全国で一〇〇万人以上に達している。

社会や経済が混乱する中で、銃撃や強盗、殺人などの凶悪犯罪も急激に増えた。多くの犯罪者グループが現れ、市場でもうけた商売人や急成長した企業を脅して定期的に金を巻き上げた。彼らは革ジャンを着て金色の指輪をしていて、車にカラシニコフや拳銃、メリケンサック、バットを隠し持っていた。黒塗りのメルセデスやＢＭＷのような高級車を乗り回し、金回りもよく、スポーツバッグにドルの札束を入れていた者もいた。商売人は彼らに金を支払う見返りに市場で商売できる可能性を得るか、他の犯罪者グループの脅しから守ってもらっていた。

企業家の中には犯罪者グループに高級車や豪華な自宅を奪われ、安全を求めて家族とともに街から逃げざるをえない者もいた。当時、富は突然に得られ、あっという間に奪われた。犯罪の横行、取り締まる法の欠如。すべてが自由で可能性は無限だが、他方でやりたい放題だった。これはポスト全体主義社会には避けられないことかもしれない。すべてが禁止されていたあと一気にすべての制限がなくなった。急激な変化に法も取り締まり機関も追いつけなかった。

私が当時勤務していた極東のウラジオストクでもマフィアと呼ばれる犯罪者グループが暗躍していた。ウラジオストクは港町で、麻薬の密輸などの犯罪が多い所だが、当時は日本から山のように入ってきた中古車の利権をめぐって犯罪者グループが争っていた。外国車の盗難が相次ぎ、現地に進出した日本企業などには駐車場の車の安全を守ってやるという名目で犯罪者グループが金の取り立てにやってきていた。またチェチェン・マフィア、中国マフィアなど犯罪者グループ同士の対立抗争は激しく、外国人が出入りするレストランなどで銃撃戦がしばしば起きていた。強盗なども増え、住民はアパートのドアが破られないように鉄製の頑丈な扉を取り付けたり、ドーベルマンなどの大型犬を飼うといった自衛策をとっていた。

こうした犯罪者グループに劣らず、たちが悪かったのが警官だった。給料の安い警官も市場経済のおこぼれにあずかろうとした。法を守り、企業家を守るべき警官があれこれ口実を作って金を脅し取ろうとした。企業家はビジネスを続けるために警官に金を払わざるをえなかった。一九九〇年代には多くの人がビジネスをやめたり、暴力を受けてそれを失った。企業家の殺人や拷問、脅しはまれなものではなかった。

社会の階層分化

新しい生活によく適応できたのは柔軟でプライドがあまり高くない人々だった。イニシアチブを発揮し自分の能力を試す人。負けてもそれにめげず前に進もうとする人。この意味で適応がより簡単だったのは若者だった。彼らには古い共産主義体制の否定的な経験や強いステレオタイプがまだなかった。

市場経済になって人々には金を稼ぎたいという欲求が出てきた。ソ連時代はそうではなかった。人々の給料は少なかったが、そもそも使うことはできなかった。何も買うものがなかったからだ。しかし、商品やサービスが増えてきたことで、人々は目覚め始め、新たな欲求が出てきた。金を、特にドルを稼ぎたいと思った。ドルがあれば、より良い商品が買え、質の良いサービスを受け、珍しい薬も買うことができたからだ。社会には矛盾した感情があった。一方で金持ちを嫌悪し憎み、他方でたまらなく金がほしい。当時は金がすべてを決める、金が問題や蔑みを取り除いてくれる、金が尊敬や幸福を与えてくれると思われた。

この時代の大きな特徴は貧富の格差が拡大し、社会に金持ちと貧しい人の階層分化が起きたことだ。市場経済化は経済だけではなく、各人の生活のあり方を大きく変えた。

ソ連時代、生活は豊かではなかったが、わずかでも保証された収入があり、皆が明日は素晴らしくはないにしても予測可能だと知っていた。今は明日どうなるのか誰も分からない。収入の多い少ないもあらゆる可能性があり、その人の能力にかかっていた。しかし、人々は自分からイニシアチブを発揮することに慣れていなかった。皆国家に頼って何十年間も惰性で生きていた。働きぶりが良くても悪くても給料は一緒で、懸命に働く動機はなかった。市場経済や企業活動の自由によって多くの新たな可能性が生まれたが、結局それを使いたいと望んだ人は多くはなかった。

一九九〇年代初めに現れたのが「新しいロシア人（New Russian）」と呼ばれる成金だった。これはほとんど漫画的な存在だった。彼らはソ連時代の貧しい階層の出身だ。貧困の中に育ち、大きくなったら金持ちになりたいと夢見ていた。市場経済化は彼らにそのチャンスを与えた。人目を引く鮮やかな衣服、たくさんの装飾品（男性でさえも）、挑発的なふるまい、富の自慢、金で飾った巨大な部屋、ニセの石こうの彫像、風呂場の金の蛇口。これらの人々におとぎ話のような資産が現れた。しかし、これらの人々のメンタリティやマナーは以前のまま、貧しい子供時代のものだった。こうした人々は周囲の人々の怒りや嘲笑を引き起こした。

激しい貧富の格差

市場経済化の大きな特徴の一つはオリガルヒ（新興財閥）と呼ばれる大金持ちが現れたことだ。モスト銀行など金融業を足がかりにテレビや新聞などを握りメディア王となったウラジーミル・グシンスキー、自動車販売業から始めて航空機や石油、メディアなどを支配し政治にも大きな影響力をふるい政商と言われたボリス・ベレゾフスキー、コムソモール（共産党の青年組織）の仲間とともに民間銀行を起こし、石油会社ユーコスを創設し、ロシア最大の富豪となったミハイル・ホドルコフスキーなどである。

一九九〇年代半ば、エリツィン政権は厳しい財政難に直面していた。IMF（国際通貨基金）からのクレジットではすでに足りず、公務員の給料や年金の長期にわたる不払いがある上に、チェチェン戦争が始まっていた。これらすべてに国家から緊急に金を注入する必要があった。この時、新興財閥はエリツィンを支援することを決めた。彼らは、国家に金を貸し、不満を持つ公務員や年金生活者に金を支払い、チェチェン人と戦う軍を何とか維持できるようにした。しかし、財閥側は条件をつけた。もし国家が一年後に金を返せなかった場合、彼らは大規模な石油企業や鉄・非鉄金属工業の資産など国家の所有物へのアクセス権を得るということだ。一年後、国家は金を返せなかった。財閥側は国家と合意し、これら莫大な収益を上げる企業を不透明なやり方で手に入れた。このようにして九〇年代の半ばには国家の所有物のおよそ五〇％が七〜九人の新興財閥のコントロール下に入った。彼らはロシアで最も裕福で、最も影響力のある人になった。彼らはエリツィン政権の中枢と直接のアクセスを持ち、自分の利益のためにあらゆる状況を転換させることができた。

新興財閥は社会の憤りや憎しみを呼び起こした。ソ連崩壊後も社会には国の資源は国家と国民のものだという考えが生きていた。人々は新興財閥は国の所有物を不法に手に入れた、つまり盗んだと考えた。これは金持ちは悪で不正直だという多くの人々の考えを強めた。新興財閥への嫌悪はエリツィンに対しても跳ね返った。市民の大多数の目には彼が不正義を許している、彼が一部の銀行家たちに国家の資産を分け与えていると映った。

これに対して、国の予算で生活する人々（公務員や国有企業の従業員、コルホーズ員、年金生活者、医者、教師）は貧しくなった。彼らの生活はソ連時代に比べて大きく変わった。店の棚はいっぱいになったが、財布は空っぽになった。彼らは数カ月も給料や年金を受け取れなかった。物価は毎週上がり、市場を埋め尽くした豊富な商品も彼らの手には入らなかった。

彼らはソ連時代を懐かしむようになった。かつては、毎月つつましやかではあったが、給料はでた。皆等しく貧しかった。明日は腐っていてもジャガイモや骨付きの肉があり、値段も上がらなかった。こうした状況で人気を得たのが市場経済化を批判する共産党と極右の自由民主党だった。これらの党は自由を享受できず、市場改革の恩恵に浴せなかった人々の考えを代弁した。彼らは共産党や自民党の集会でガス抜きをしたが、生活は変わらなかった。

物質的な不平等はもう目で見えるようになった。モスクワには塀で囲まれた美しい新しい家が現れた。郊外にはルブリョフカ街道に沿って非常に高い塀のあるコテージ村が現れた。塀の外からは豪華な屋根だけが見えた。住んでいるのは金持ちのビジネスマン、石油王、ニューリッチ、政府高官などだ。レストランには外貨専門のホールができ始めた。そこでは料理やサービスは外貨で支払いが行われた。新しいスーパーマーケットでは運転手と警備員を乗せた豪華な外国車の専用駐車場があった。入り口では屈強な警備員が入場をコントロールしていた。外見や衣服で支払い能力に疑念を持たれた人はすべて警備員によって入店を拒否された。

一方、モスクワから一〇〇キロ足らずのところには別の世界が広がっていた。壊れた道路。今にも倒れそうな木造の家。スターリン時代に受刑者によって建てられた灰色のバラック。道路沿いにはシュールレアリズムの絵画のような光景を見ることができた。手に雨に濡れた大きなおもちゃを持った年配のおじさんとおばさんが立っている。クマ、ウサギ、ネコ。おじさんとおばさんは気が狂ったわけではない。彼らはおもちゃ工場の従業員で、給料は金ではなく、工場の製品で支払われているのだ。彼らは道路沿いに立ち、生活のために金をかせごうと、車で通りかかる人たちにおもちゃを売ろうとしていた。道路のその先には食料品のコンビナートの従業員。彼らは手に彼らの給料、甘いコーンフレークの大きな包みを抱えていた。とてつもない富と消費はひどい貧困や絶望と隣り合わせだった。金持ちは貧しい人の生活など全く考えず、自分の世界に生きていた。

保健も打撃を受けた。有料の医療サービスも現れたが、笑顔の医師と清潔なベッドを利用できたのはわずかな人だけだ。残りの人は国家セクターの古い廊下と破れたシーツで満足しなければならなかった。給料の未払いが続く医師も看護婦も患者に注意を振り向けなかった。薬や包帯さえも不足し、こうしたものはすべて患者が持ってこなければならなかった。老朽化した病院やクリニックのひどい状態は基本的にはソ連制度の遺産だ。しかし、人々は市場経済や民主主義への移行の結果だと受け止めた。有料サービスの存在はさらに人々を憤慨させた。同じ病院の中で有料と無料の医療サービスが提供された。目に見えるコントラストがあった。廊下と柱の一部は修理され、部屋には清潔で新しいベッド。残りは古くて汚いベッドと意地悪な看護婦。すべてが同じ病院の屋根の下にあった。

国営の学校では当時制服が廃止された。クラスもすぐに金持ちと貧乏人に分けられた。すべて流行の新しい服でそろえた小さなプリンスとプリンセス。そして貧しい家庭のみすぼらしい生徒。その両親が金持ちの親と肩をならべて気まずい思いをし、子供たちも非常に居心地が悪かった。家庭の格差は国からわずかな給料しかもらっていない教師にも影響を与えた。当時大都市の学校では金持ちの親が教師や校長に贈り物をしたり、封筒に入った現金を渡したりした。こうした働きかけは生徒の成績に反映され、親が金持ちの子供はより高い評価をもらった。貧しい親は子供にきれいな服や文房具を与えられず、教師に封筒を渡せず、屈辱感を味わった。人々の交流のマナーも変わった。人々は衣服や靴など外見で互いを評価するようになった。もしある人が金持ちならていねいに話し、安物の服なら嫌そうに顔をそらす。こうした現象はモスクワや大都市などで最も特徴的だった。

まともな生活への期待

大統領選挙の年、一九九六年のエリツィンの支持率はおよそ六％だった。彼が台頭した一九九〇〜九一年には五〇％の支持率があった。「ショック療法」、チェチェン戦争、給料の何カ月分もの未払い。エリツィンは積極的に西側やG７と交渉を行い、IMFから借款を受けた。IMFはエリツィンに社会的な分野の支出をもっと厳しく削減することを求めた。それは支持率が落ち込んでいるエリツィンにとって受け入れがたいものだった。このジレンマに対して、選挙で勝利するためエリツィンはまた新興財閥から金を借りることを決断した。財閥に借りを作ることの否定的な影響をはらんでいたが、これによって派手なPRキャンペーンを繰り広げ、かろうじて選挙に勝利した。

それでも、この時人々は皆過去への逆戻りはあり得ないと考えていた。困難な時でさえ、国民の大多数は改革を続ける以外、ほかの道はすでにないと理解していた。一九九五年には三八％が改革の継続に賛成、改革は中止すべきだと答えたのは二五％にとどまった。すべてが困難の連続だったが、人々は少しずつ慣れてきた。多くの外国企業がロシアに進出し、大勢の西側の専門家がやって来た。彼らはロシア人に西側のマネージメントや顧客優先の商売のルールを教えた。外国語を話せるロシア人はさまざまな分野の外国企業の仕事に就いた。能力の発揮できる仕事内容に加えて、給料がドルで支払われたのが大きな魅力だった。国の財政は不安定で、ルーブルは弱く、物価が上がっていた時に、ドルは特別の価値を持っていた。ドルで給料を得た人は生活は平穏で安定したと感じた。当時外国企業で職を得た人は、仕事が運転手や会計士、秘書など、どんなものでも、昇進する見通しがなくても成功したと感じた。

一九九〇年代の半ばには個人経営の美容サロンやヨーロッパ風のブティック、中間層向けに海外の保養地への旅を紹介する旅行会社が現れた。人々は労働への積極的な刺激を得た。質素だが、ピザやビールもある家族的なレストランがオープンした。休日や昼休みに家の外で食べるという新しい習慣が生まれた。ひんぱんではないが、月に一～二度友達とレストランに行って楽しむようになった。民間の銀行も発展してきた。過去の悲惨な経験から学んだ人々は注意深くわずかなドルを民間銀行に預けた。さらに多くの西側の商品が現れた。食品や衣服だけではなく、スポーツ用品、化粧品、子供用のおもちゃまで。バービー人形、ロボット、ミニカー。国の生活は静かに正常になってきていると思われた。

突然の金融危機

そうした中、一九九八年八月の金融危機は国民の大多数にとって「晴天の霹靂」だった。これは前年のアジア通貨危機で世界の景気が後退したのに加え、石油価格の下落で外国投資家がいっせいに資本を引き揚げたため、ロシア経済がさらに悪化して起きたものだ。この状況でロシア政府は通貨ルーブルの切り下げ、国債の市場取引の停止、民間銀行などの対外債務の九〇日間支払い猶予を発表した。これは事実上のデフォルト（債務不履行）宣言で、巨大な国の財政が破綻したことを意味するものだった。人々は起こっている現実を信じられず、自覚できなかった。店やレストランには客がいなくなり、反対に民間銀行には行列ができた。人々は自分の預金を取り戻そうとしたが、多くの人は失敗した。大小の銀行がいくつかと多くの企業が倒産した。非常に多くの人々、特に中間層の人たちが職を失った。大なり小なり安定した生活がようやく始まったばかりの人々はまた貧しくなった。経済のデフォルトは誰も経験したことがなく、今後の見通しは全く不透明。権力に対して一気に皆が不信感を抱いた。政府に対して、この数年やってきたことがすべて正しくなかった、まさに権力側の行為が国を財政的な惨事に陥れたという印象が生まれた。デフォルトの宣言のあと、ルーブルの価値は三分の一になった。

預金を引き出そうと銀行に押し寄せた人々(クラスノヤルスク、1998年9月24日)[写真:ロイター/アフロ]

人々は国の借金がどれだけ大きかったかを知り、再び権力側にだまされたと感じた。

危機の後パニックはしばらく続き、政府は総辞職した。新たな首相には妥協的な人選の結果、老練な外相のエヴゲニー・プリマコフが選ばれた。プリマコフは急進的な改革を撤回し、共産党など反エリツィンの幅広い勢力と巧みに協力関係を強め、混乱状態に安定をもたらした。一方、エリツィンと改革派の政府への信頼は完全になくなった。国民は国家の破産を引き起こしたのは、リベラルな考え、民主主義、西側との協力にあると考えた。しかし、危機は経済や社会に前向きの影響も与えた。ロシア経済が石油やガスに大きく依存している中で、非資源セクターが発展し始めた。中小のビジネスが現れ、国産の食料品の生産が始まった。ルーブル切り下げのためロシアの商品は国内だけではなく、国際市場でもより競争力を持つようになった。

一九九〇年代とは何だったのか?

ソ連崩壊後の激動を体現したエリツィン大統領は一九九九年の大みそかに突然辞任を表明し、暮らしを豊かにできなかったことを国民に謝罪した。エリツィンは二〇〇七年に死去したが、その直後に全ロシア世論研究センターが行った調査によると、「もし選択の可能性があるならどの時代に暮らしたいか?」という質問に対して、エリツィン時代と答えた人はわずか一%にすぎなかった。ちなみに三九%がプーチン時代、三一%が一八年間続き停滞の時代とされるブレジネフ時代だった。

ある人にとっての一九九〇年代は激動、無法状態、汚職、犯罪の連続だった。急激な貧困化、不正義の横行、貧富の差の拡大、アイデンティティやモラルの喪失。工場の操業停止、安い輸入品への依存。高い死亡率と低い出生率。浮浪者と高いレベルの妊娠中絶。西側への過度の譲歩と欧米の指示による政策。軍の戦闘能力の低下と旧ソ連諸国における影響力の低下。これらはみな真実だ。

別の人にとっての一九九〇年代はあらゆる夢を実現でき、自分の手で人生を創造できる可能性の時代だった。西側と協調し、G７に加盟するなど世界への仲間入りを果たした。熾烈な競争が始まり、個人がイニシアチブを発揮できるようになった。ロシア人の生活に世界的なブランドや世界的なスタンダードが入ってきた。言論の自由、集会の自由、良心の自由が保障され、大統領も自由に批判できた。これらもまた、すべて真実だった。

この一九九〇年代を今から振り返ってみると、それはソ連末期のゴルバチョフ政権期をも含めた一五年間にわたる革命的な時代だったと言える。変革はあまりにも性急で、生身の人間の痛みよりも市場経済の制度を作ることを優先した。それは多くの人々の強い怒りや反発を買う結果となった。改革という言葉は否定的に受け取られ、ゴルバチョフ、エリツィン政権を主導した改革派は人々の支持を急速に失っていった。その革命的な変革を止める役割を果たしたのが次に登場したプーチンだった。彼は社会の安定と緩やかな改革を重視した。

ソ連崩壊後のすさまじい混乱は、多くの人々にこうした事態を二度と起こしてはならないという強い教訓を与えた。今、プーチンが最も恐れるのはウクライナのオレンジ革命やアラブの春などの民主化革命がロシアで起き、政権が崩壊することだ。ロシアでは権力の私物化や選挙の不正、汚職などに反対する大規模な反政府デモが時々起きているが、政権を脅かすような深刻な事態にまでは至っていない。背景には政権側がデモへの罰則を強化し、治安部隊を動員して力で抑え込むなど厳しい態度で臨んでいることがある。しかし、同時に人々の間にも長期政権に対して飽きや不満、批判を持ちながらも、社会の安定を重視し、かつてのような果てしない混乱状態に陥ってはならないという強い思いがある。

一方でロシアは一九九〇年代に全体主義から市場経済と民主主義へのいばらの道に踏み出すことを選んだ。試行錯誤の末、この時代にロシアに市場経済が徐々に根付いていったこともまた確かだ。多くの批判と不満があっても、エリツィンが成し遂げたものなしには今のロシアもなかっただろう。

第三章　――エリツィンからプーチンへ

ソ連の指導者はいずれも長期政権だった。七四年間存続したソ連はレーニン、スターリン、フルシチョフ、ブレジネフ、ゴルバチョフの事実上わずか五人の指導者によって統治された。スターリンは約三〇年間、ブレジネフは一八年間の長期政権だった。政権交代のルールがなく、指導者は共産党内の密室の権力闘争で決まった。こうした仕組みが一変したのはロシアになってからだ。大統領は国民の直接選挙で選ばれるようになった。

しかし、その実態は私たちの想像を超えるものだ。私はＮＨＫのモスクワ支局長だったエリツィン時代末期の一九九九年に驚くべき権力継承のドラマを目撃した。人気最悪のエリツィン大統領の後継者として首相に指名された、無名で、悪名高いＫＧＢ出身のプーチンが、あっという間に国民の圧倒的な人気を集め、大統領に上り詰めていった。

なぜそうしたことが可能だったのだろうか？

プーチンはその後、二期八年間大統領をつとめ、いったん首相に転じた後、再び大統領に復帰した。彼は二〇一八年の大統領選挙に立候補し、長期政権がさらに続くという見方が有力だ。ロシアでは選挙による国民の自由な選択は尊重されず、政権側が後継者を決めるなど権力を私物化し、世論を操作して国民にそれを押し付けてきた。ソ連崩壊後に生まれたそうしたロシアの権力継承のやり方はこれまでのところ大きくは変わっていない。この章ではエリツィンからプーチンへの政権交代を中心にロシアの権力継承のメカニズムを考えることにする。

エリツィン再選

ロシアではソ連崩壊後この二五年余りの間に本当の意味で選挙による政権交代の可能性があったのは一度だけである。それはエリツィン大統領と共産党のゲンナジー・ジュガーノフ党首が決選投票で争った一九九六年の大統領選挙だった。ソ連時代の末期、クーデター阻止の先頭に立ち、カリスマ的な権力を手にしたエリツィンだったが、その後急速に支持を失っていった。それは急激な市場経済化で経済社会情勢が悪化し、国民の生活が苦しくなったこと、エリツィン大統領とそれに反対する議会や共産党との激しい政治対立が続いたこと、泥沼化したチェチェン戦争でロシア軍に多くの犠牲者が出たことなどが影響していた。

大統領選挙の前哨戦として行われた一九九五年一二月の下院議会選挙では反エリツィンの共産党が定数四五〇議席のうち一五七議席を獲得し、第一党になった。政権与党の「わが家ロシア」はわずか五五議席と惨敗した。このため、翌一九九六年の大統領選挙ではエリツィンの再選が危ぶまれ、共産党政権復活の可能性が高まった。おまけにエリツィンは一九九五年に二度も心臓発作を起こして執務ができない状態だった。

こうした中で、エリツィン陣営の課題はあらゆる手段でエリツィンの再選を達成し、共産党が政権の座につくことを阻止することだった。ジュガーノフの人気はエリツィンをはるかに上回っていた。この時、エリツィン支持に動いたのが共産党の復活に危機感を抱いた新興財閥だった。一九九六年初め、スイスのダボスの国際経済フォーラムに出席した主な新興財閥はエリツィンの再選を資金面で援助することを申し合わせた。エリツィン陣営は新興財閥の資金援助を受け、アメリカで成功した選挙キャンペーンの技術を導入し、エリツィン優位の状況を作り出そうとした。その選挙キャンペーンを主導したのがエリツィンの選挙対策本部長になった急進改革派で元副首相のアナトリー・チュバイスだった。チュバイスはソ連崩壊後、国営企業の民営化の責任者として市場経済化を進めるなどアメリカと緊密な関係を維持してきた。この選挙で彼は特別の分析グループを立ち上げ、エリツィンの人気回復に取り組んだ。まずスローガンは「投票せよ、さもなければ負ける（Choose or Lose）」というものにした。これは一九九二年のアメリカ大統領選挙の際、ビル・クリントン陣営のキャンペーンで使われたものだ。また選挙の争点は「民主主義の継続か、共産主義への逆戻りか」と体制の選択を問うものにした。ソ連崩壊で共産主義のくびきから逃れたばかりの社会で空っぽの棚や共産党の独裁を思い出させるのは容易なことだった。ジュガーノフが勝利すれば飢えや貧困、内戦が起きると、ジュガーノフと共産党の権威を失墜させる中傷キャンペーンを行った。一方、エリツィンは少しエキセントリックだが、賢明で公正な統治者として描かれた。また若者を対象にキャンペーンも行い、ポップやロックのアーティストを海外から招き、コンサートを行った。こうしてエリツィンの支持率は少しずつ上がり、選挙戦の終盤には他のすべての候補者を追い抜いた。

一九九六年六月、大統領選挙の投票が行われた。エリツィンは三五・二%を得て第一位、共産党のジュガーノフが第二位で三二・〇%だった。しかし、いずれも当選に必要な過半数に達しなかったため、決選投票にもつれ込んだ。エリツィンは選挙で台風の目となり、第三位に躍進した元軍人のアレクサンドル・レーベジを取り込むことに成功した。この結果、七月の決選投票でエリツィンは五三・八％と過半数を獲得、四〇・三％のジュガーノフを抑えて、かろうじて大統領再選を果たしたのである。この選挙を通じてエリツィン陣営が認識したのは、これは政治技術の勝利であり、アメリカ流の選挙キャンペーンがロシアでも機能するということだった。

デフォルト後にプリマコフが台頭

一九九八年八月、ソ連崩壊後の混乱から立ち直りつつあったロシアで突然、深刻な金融危機が起きた。政府はデフォルト（債務不履行）を宣言し、多くの銀行や企業が倒産し、大量の失業者が出た。エリツィンが進めた改革は挫折し、改革派の政府は国民の信頼を完全に失った。この時、総辞職した改革派の政府に代わって、エリツィンは新しい首相に老練な保守派で外相のエヴゲニー・プリマコフを指名した。エリツィンやその側近にとってプリマコフは彼らが身内と考える人物ではなく、あまり気に入らなかったが、デフォルトの混乱を収拾するためのやむを得ない妥協的な人事だった。共産党が多数を占める反エリツィンの議会はプリマコフの首相就任を簡単に承認したプリマコフは一九九八年の金融危機までのどの改革派の政府とも違ってむしろ反欧米的だった。厳しい交渉相手という定評があり、国家の利益を守る「国家主義者」と見なされていた。プリマコフの大きな特徴は政治的な主張や利益が対立するどの勢力とも妥協できる能力があったことで、社会に平静さとコンセンサスをもたらした。

経済面でもプリマコフは慎重に行動した。彼はロシアでようやく機能し始めた市場経済の邪魔をしなかった。また経済の実体セクターや中小ビジネスを支援し、食料品の国内生産を刺激した。この結果、経済はデフォルトのあとの数カ月間で購買力を取り戻した。ルーブルの切り下げのプラスの効果も表れ、経済は活性化し、大きくはないが成長を始めた。これは人々に希望を与え、経済が回復し始めたのはプリマコフのおかげと受け取られた。

プリマコフは国際舞台でも有名になった。一九九九年三月、プリマコフはアメリカ訪問に向かう途中、機内でNATOがロシアの同盟国ユーゴスラビアへの空爆を開始したことを知った。プリマコフは空爆への反対の意思を示すため、アメリカ訪問を取り消し、大西洋上で飛行機をUターンさせるという前例のない措置をとった。この行為は反米感情が高まっていたロシア社会で圧倒的な支持を得た。プリマコフの人気は高まり、一九九八年一二月には支持率はすでに五四％だった。

プリマコフ解任

プリマコフはさらにエリツィンの側近らの汚職事件の摘発に乗り出した。捜査の陣頭指揮をとったのは検察庁のトップ、ユーリー・スクラートフ検事総長だった。スクラートフはエリツィンのおひざ元の大統領府総務局の家宅捜索を行った。クレムリンが捜査機関の強制捜査を受けるのは前代未聞の出来事だ。大クレムリン宮殿の改修工事をめぐってクレムリンの金庫番と言われるパーヴェル・ボロジン総務局長がスイスの建設会社から巨額のわいろを受け取ったという疑いがもたれた。ボロジンはプーチンをサンクトペテルブルグからモスクワに呼び寄せた実力者だった。スクラートフの捜査はエリツィン本人やファミリーと呼ばれる側近にも及びかねない情勢となった。

こうしたエリツィン政権への捜査とともに、共産党が多数を占める議会はエリツィンの弾劾に動き始めた。エリツィンはプリマコフが野党と結託して自分を大統領の椅子から引きずり下ろそうとしていると疑った。エリツィンと側近グループは敵対勢力に包囲され、かつてない危機的な状況に追い込まれた。

この時、エリツィンとファミリーの危機を救ったのが前年にＦＳＢ（連邦保安庁）長官に就任したプーチンだった。プーチンは捜査員を動員し、スクラートフ検事総長のスキャンダル探しを命じた。そして、検事総長が売春婦と性的関係を持っている場面を隠し撮りし、そのスキャンダル・ビデオを国営テレビに放送させた。これが原因となってスクラートフは職務停止に追い込まれた。

エリツィン大統領とプリマコフ首相との確執は強まり、一九九九年五月一二日、エリツィンはついにプリマコフの解任に踏み切った。翌日、下院議会ではエリツィンの弾劾の審議が始まった。エリツィンはソ連を崩壊させたことなど五項目にわたって責任を問われたが、いずれの項目も否決され、エリツィンは弾劾手続きの開始を免れた。このようにプリマコフの解任劇は一連の政治の流れを変えた分水嶺となった。

こうしてプリマコフは解任されたものの、三カ月後には政治の舞台に復帰する。一九九九年八月に反エリツィンの強力な野党の選挙連合が結成された。それはユーリー・ルシコフ・モスクワ市長や地方の知事らが一緒になって作った「祖国・全ロシア」で、国民に最も人気のあるプリマコフがこの中道連合のリーダーに就任した。

後継者作戦

プリマコフの解任後、セルゲイ・ステパーシン第一副首相が首相に任命されたが、三カ月間しか続かなかった。八月五日、その後任の首相に指名されたのがプーチンだった。エリツィンはプーチンの首相指名を発表するとともに、プーチンを自らの後継者とする意向を明らかにした。「見通しのある首相」。エリツィンはそう言った。

プーチンは一九九六年に出身地のサンクトペテルブルグの市役所をやめ、モスクワに移ってクレムリンに入った。その後、大統領府の総務局次長、大統領府副長官・第一副長官、FSB長官、安全保障会議書記兼任とスピード出世した。

しかし、プーチンは人々にはほとんど知られていなかった。おまけに支持率二%と人気最悪のエリツィン大統領から指名され、しかも悪名高いKGB出身の人物だった。ロシアの大統領は国民の直接投票で選ばれる。野党側に人気の高いプリマコフがいるだけに、プーチンの大統領就任の可能性は低いと見られた。一般の人々もプーチンとは誰なのか分からなかった。世論調査でも、任命された時に七〇%以上がプーチンについて何も知らないと回答した。エリツィンのいつもの気まぐれから登場して来たわけの分からない男と受け取られた。

プーチンの首相指名の背景には一体どんな事情があったのか？　エリツィンの側近グループは権力継承の問題を深刻に懸念していた。エリツィンは年老いて病気になり、デフォルトで国民の支持を失った。最も人気があったのはプリマコフ元首相だ。エリツィン派と反エリツィン派は激しく対立して、議会は反エリツィンの共産党が多数を占めていた。今後のカギを握る議会選挙と大統領選挙は間近に迫っていた。こうした状況でエリツィン陣営はプリマコフに対抗できる後継者を早急に見つける必要があった。

プリマコフはエリツィン陣営にとって深刻な障害となったが、逆説的なことに、このプリマコフの存在そのものが後継者問題への対応の大きな刺激となった。エリツィン陣営で後継者問題に取り組んだのは、「エリツィン・ファミリー」と呼ばれる側近グループだった。それはアレクサンドル・ヴォローシン大統領府長官、エリツィンの次女のタチヤーナ、その夫のワレンチン・ユマーシェフ元大統領府長官、新興財閥のボリス・ベレゾフスキーなどからなっていた。

彼らにとって後継者は二つの資質を持っていることが絶対に必要だった。一つはエリツィン政権のエリートの現状を維持してくれること。今の秩序をこれまで通りに残し、自分たちのポストや金の流れをコントロールしてくれることだ。もう一つは反エリツィンの雰囲気の社会で有権者の票の過半数を得て選挙を勝ち抜けることだ。

プリマコフの例を通じて後継者作戦を成功させるには次の三つの要素が重要と考えられた。第一は成功したプリマコフのすべての資質とやり方を取り入れること。第二に若く活動的で、エリツィンとその側近グループに忠実なこと。第三に中立的ではっきりした政治色がなく、広く社会に知られていないことだった。ほとんど無名なことが重要なのは、ロシアの複雑な状況の中では政治色がついていない白紙の人物の方がクレムリンにとって扱いやすいこと、そして、一九九六年の大統領選挙で成功したキャンペーン手法の助けを借りて、有権者に気に入られるような絵と色を描くことができるという計算があった。

なぜ後継者か?

ではなぜロシアでは後継者を選ぼうとするのだろうか? ロシアは民主国家となり、大統領も国民が自由に選挙で選べばよいのではないか? なぜ政権側は国民の選択を信用しないのか? ここにはロシアの特殊事情がある。ロシアはソ連からの劇的な移行を体験した。社会主義から資本主義へ、計画経済から市場経済へと移行した国では巨大な国有財産が分割され、社会の階層が分化し、新しい政治経済エリートが現れた。この支配エリートはソ連崩壊後の一〇年間で獲得した特権や立場を絶対に失いたくないと考えていて、国民の残り大多数のことを信じてはいない。民主的に選挙を行って、政権側が敗れ、政権を明け渡すことになることを恐れている。そうした恐れには根拠がある。一九九五年一二月の下院議会選挙では市場経済化への国民の強い反発を受けて、反エリツィンの共産党が圧勝し、クレムリンにとって非常に不都合な議会が現れた。

権力を握ったエリート層はロシアが民主国家になったといいながら、自由で民主的な選挙を通じて権力の交代を認める考えは全くなかった。彼らは選挙の結果、野党側の候補者が大統領になることを許すつもりはなかった。この状況は今も変わっていない。ソ連崩壊直後からロシアでは大統領権力の問題を有権者の自由な判断にゆだねる考えは一度もなかった。

こうした政権側の懸念は部分的にはソ連時代から引き継がれたものだ。当時のソ連社会は共産党の特権階級とその他の大勢の人々に分かれ、この二つの階層には大きなかい離があり、互いに相手を信用していなかった。このためロシアになっても、政権側は国民の自由意思に任せて投票させれば、とんでもない結果を招きかねないと強く懸念していた。

同時にエリツィン陣営は一九九六年の大統領選挙の結果、欧米の選挙戦術をロシアに応用すれば、誰も知らない後継者でも政治技術を使って当選させることは可能だと考えていた。政権側が後継者にこだわった背景にはこうした事情がある。エリツィン陣営は次の大統領選挙ではエリツィンの後継者を擁立し、政治技術やＰＲ、選挙キャンペーンを駆使して、国民の人気や支持を拡大し、選挙戦で勝ち抜く戦略を取ることにした。

なぜプーチンか？

こうした後継者作戦に沿ってエリツィン陣営が最終的に選んだのがプーチンだった。なぜプーチンなのか？　エリツィン自身は一九九六年の大統領選挙で再選を果たしたあと、心臓病の大手術を受けたが、この頃から後継者を真剣に探すようになった。ボリス・ネムツォフを第一副首相に、またセルゲイ・キリエンコを首相に起用するなど若い改革派を抜擢した。ひんぱんな首相交代も後継者探しの一環だったという。

ただ政治学者のアンドラニク・ミグラニャンによると、エリツィンは後継者は軍人か治安関係者がよいと考えていた。大国ロシアを支えるには普通の政治家では無理だと見ていたからだ。この点、プーチンはKGB出身で、FSB長官と安全保障会議書記を兼任していた。こうしたエリツィンの考え方は日本ではなかなか理解しがたい点だ。日本では軍人や治安関係者が指導者になるというとすぐに軍国化、軍事独裁という風に受け止められてしまう。しかし、ロシアでは軍は第二次世界大戦を勝ち抜き、アメリカと対等の超大国を維持してきたことで一定の尊敬や信頼を得ている。またKGBもスターリン時代に大勢の市民を粛清した暗い過去があるものの、国家や国益のために働き、情報に通じていると肯定的に受け止められている面もある。エリツィンがプーチンを後継者に決めた背景にはそうした認識があったと思う。

エリツィンが後継者をプーチンに決める大きなきっかけとなったのが、プーチンがクレムリンの汚職を追及していたスクラートフ検事総長のスキャンダルを暴き、職務停止に追い込み、エリツィンや側近グループを絶体絶命の危機から救ったことだ。この事件でプーチンはエリツィンへの最大限の忠誠心や断固とした行動力、決断力を示した。エリツィンはプーチンが果たした役割を高く評価し、実はこの時点でプーチンを自らの後継者とすることをひそかに決めていたのである。著名な政治専門家のグレブ・パヴロフスキーはエリツィンはプリマコフを解任した一九九九年五月の段階で後継者をプーチンと決めていたが、公にするのは早いと考え、第一副首相のステパーシンを暫定的に起用したと述べている。さらにプーチンは知名度がなく、国民の間にほとんど知られておらず、政治的に白紙の状態だった。前述の通り、これもエリツィン陣営にとっては後継者の要件にかなうものだった。エリツィンが八月にプーチンを後継者として首相に指名した背景にはこうした事情があったのである。

知られざるプーチンを売り込め

プーチンが首相になったのを受けて、一九九六年の大統領選挙で成功したエリツィン陣営の強力な情報操作マシーンが動き始めた。知られざるプーチンを紹介するやり方やイメージ、計画を策定するため、プロの専門家が動員された。政治専門家グレブ・パヴロフスキー、大統領府副長官で灰色の枢機卿と呼ばれたウラジスラフ・スルコフ、リベラルな経済専門家ゲルマン・グレフなどだった。プーチンのイメージ作りにかかわったパヴロフスキーはのちに当時の自分の仕事についてこう述べている。「動機は力のない権力から強い権力を作ることだった。一九九〇年代後半のクレムリンの権力は弱かった。後継者作戦はエリツィンが退陣しても国家が崩壊せず、反対にエリツィンよりも強い権力が現れることを目指した」。

後継者作戦のPR担当者はこの時、後継者のあるべきイメージとして二つのポイントを示されたという。一つはポジティブなもので、プリマコフ元首相のイメージ。もう一つはネガティブなもので、エリツィン自身だった。驚くべきことだが、エリツィンの後継者、プーチンは反エリツィン的なものにならなければならなかった。これは何を意味するのか。プリマコフはデフォルト後のロシアで高い支持率を持ち、将来の大統領のモデルとなった。彼は首相としてデフォルトのあと社会に求められていた課題を見事に達成した。それは安定性、コンセンサス、国益の擁護、秩序の回復だった。こうしたプリマコフの持つポジティブな資質を取って、知られざるプーチンに付与する必要があった。

プーチンには誰にも知られていないという要素がある。プーチンはキャンペーンのスタートにおいて「白紙」に近かった。そこには何でも好きなように書くことができた。プリマコフから取ることができたのは思慮深さ、慎重さ、国益を優先する国家主義、すべての政治勢力と合意できること、冷めた目、演説が明確で短いこと、厳しい言葉や性急な約束がないこと、無制限の自由への志向がないことなどだった。これに加えて、反エリツィン的なイメージとして、若さ、積極性、行動力、決断力などの強い指導者のイメージを新たにプーチンに付与することが求められた。

そうしたプーチンのイメージを大衆の意識に浸透させることはすでに政治技術の問題だった。プーチンの姿をテレビにできるだけ多く出すことが求められたが、これは簡単だった。政権寄りのエリートはテレビの支配権を握っていた。またプーチンは首相として経済危機やテロ攻撃、チェチェン戦争などの問題の解決に奔走した。テレビはプーチンを追い、その活動や発言を詳しく伝えた。新聞も同じだった。クレムリン担当の記者たちはプーチンの地方訪問に同行し、写真やユーモアをまじえて詳細に伝えた。その結果、プーチンは他の候補者よりもはるかに多くメディアに露出し、人気も少しずつ高まっていった。

私は当時すい星のように現れたプーチンを現地で取材していたが、実は彼が将来、大統領になるのは難しいだろうというリポートを日本に送ったことを覚えている。何よりもプーチンがどんな人物なのか、どんな考えの持ち主なのかほとんど知られていなかった。これまで大統領選挙に立候補した人々は多くが政党の指導者で立場も考え方もよく知られていた。しかし、プーチンはこうした人々とは全く違っていた。政治家でも有名人でもなく、悪名高いＫＧＢの出身だった。一方に人気の高いプリマコフがいる中で、大統領選挙で当選できるとは到底思われなかった。

しかし、その後のプーチンの台頭ぶりはまさに驚異的だった。たちまち国民の圧倒的な人気を集め、ロシアの世論が短期間で大きく変わっていく様子を私は目撃した。背景にはクレムリンがプーチンの売り込みに膨大なリソースをつぎ込み、巧みに世論操作を行ったことがある。一方で一九九六年の大統領選挙の際もそうだったが、人々の側にも問題があった。ソ連時代から権力に追従してきたこともあり、政権側からの情報を批判的ではなく、うのみにする傾向が強く、世論操作を受けやすいということを実感した。

相次ぐテロ攻撃

これと同時にプーチンの躍進に大きな役割を果たしたのがチェチェンの過激派によるテロ攻撃だった。プーチンが首相になる直前、一九九九年八月七日にロシア南部のチェチェン共和国のイスラム過激派が隣のダゲスタン共和国に侵攻した。過激派にはアフガニスタンやアラブ諸国などから来た国際テロリストも含まれ、イスラム国家の樹立を宣言した。これに対して、プーチンは大規模な攻撃開始を命じた。ロシアではこの五年前にチェチェンに侵攻し、ロシア軍に大勢の犠牲者を出した苦い経験があり、長い間チェチェンは連邦政府の権力が事実上及ばない地域になっていた。チェチェンに真っ向から対峙するのは一種のタブーとなっていたが、このタブーを破ったのがプーチンだった。ロシアのテレビは「国際テロリズムの脅威に対抗する」と断言するプーチンの姿を繰り返し放送した。これはプーチンをテロに立ち向かう強い指導者としてテレビで宣伝する始まりとなった。

ダゲスタンへの侵攻のあと今度はモスクワなどで爆弾テロが相次いだ。八月三一日、クレムリンのすぐ近くのマネージ広場の地下街で爆破テロが起き、四一人が重軽傷を負った。九月九日、モスクワ市内の九階建ての高層アパートが爆破され、九二人が死亡、二〇〇人以上がけがをした。九月一三日にはモスクワ市内の八階建てのアパートが爆破され、跡形もなく破壊され、一一六人が死亡した。九月一六日、今度はロストフ州のヴォルゴドンスクの九階建てのアパートで爆弾テロが起き、一七人が死亡、三〇〇人以上がけがをした。プーチンは一連の爆弾テロはチェチェンの過激派の犯行だと断定し、イスラム過激派はカスピ海から黒海に至るイスラム独立国家を作ろうとしていると非難した。

ダゲスタンへの侵攻や一連の爆弾テロ事件を受けて、プーチンはチェチェンへの大規模な軍事侵攻に踏み切った。第二次チェチェン戦争の開始である。テレビは連日、ロシア軍の圧倒的な勝利を伝え、国民はそれを強く支持した。プーチンは不良っぽいスラングを使って、「我々はテロリストをどこでも追いかける。空港、トイレでも捕まえる。トイレで殺してやる」とテロリストを非難した。この乱暴な言葉遣いに、テロの恐怖におびえていた多くの人々はプーチンにある種の連帯感を感じた。こうしてテロとの戦いを断固として進めるプーチンの支持率は急速に上がり始めた。

ところで、この連続爆弾テロ事件については重大な疑問が投げかけられている。問題とされたのは九月二二日にリャザン市で起きた事件で、奇妙なものだった。アパートの地下に出入りする不審な男女三人が目撃され、住民が警察に通報した。警察が調べたところ、時限爆弾や強力な爆薬が発見された。しかし、不審者はＦＳＢ（連邦保安庁）の人間であることが分かり、ＦＳＢ長官はこれは訓練であり、爆薬と見られたものは砂糖だったと主張した。これに対して、のちにイギリスに逃れ、反プーチンの批判を繰り広げた財閥のベレゾフスキーは一連の事件はテロリストではなくＦＳＢが仕組んだもので、その目的は社会に恐怖の雰囲気を作り、チェチェンで戦争を始めることだったと主張した。

テレビの情報戦争

チェチェンへの軍事侵攻でプーチンの支持率は急上昇した。一〇月末にはプリマコフをついに追いぬき、プーチンは最も有力な大統領候補に躍り出た。そして、エリツィン陣営は野党側の選挙連合「祖国・全ロシア」に打撃を与えようと、一〇月にエリツィン派の政権与党となる新たな選挙連合「統一」を結成した。「統一」はエリツィンを支持すること以外明確な公約のない寄せ集めの政党で、当初支持率は低迷したが、プーチンが「統一」を支持すると明言したのをきっかけに、支持者が急速に増えていった。

与野党の政治対立が強まるにしたがい、メディアを使った両陣営の情報戦争が火を噴いた。クレムリンはメディアを総動員して野党「祖国・全ロシア」に対して徹底した誹謗中傷攻撃を行った。財閥ベレゾフスキーが支配する全国ネットのORT（ロシア公共テレビ）は連日、プーチンの活動や発言を詳しく伝えた。チェチェンでの戦果を強調する一方で、激しいプリマコフ・ルシコフ批判を繰り広げた。

中でもORTの週末の夜のニュース分析番組を担当したキャスターのセルゲイ・ドレンコは「テレビ・キラー」と呼ばれた著名なジャーナリストで、大胆で容赦のないコメントで人気を集めた。彼らの課題は大統領候補としてのプリマコフの評判を落とすことだった。そのためには彼らはプリマコフの膝の関節の手術の映像を放送することもためらわなかった。リポートはプリマコフは年寄りの病人で大統領に挑戦するにはふさわしくないと見せることが狙いだった。

これに対して、野党側も、財閥グシンスキーが支配する民間のNTV（独立テレビ）がプリマコフ・ルシコフ陣営を支持するとともに、チェチェンでは大勢の一般市民が犠牲になり、難民になっていると否定的に伝えた。

エリツィン辞任

一九九九年一二月一九日、大統領選挙の前哨戦となる下院議会選挙が行われた。最大野党の共産党は引き続き第一位を占めたが、大きく議席を減らした。エリツィン陣営の与党「統一」が第二位。プリマコフ元首相の「祖国・全ロシア」は第三位と惨敗した。この結果、与党「統一」と第四位の改革派の「右派勢力同盟」など与党系の会派をあわせた大統領支持勢力は野党を上回り、エリツィン時代の八年間で初めて政権側が議会で多数を占めることになった。

この結果を見届け、エリツィンはプーチンに政権を委譲することを最終的に決断した。エリツィンが辞任を決意し、プーチンを大統領代行に指名する決意を初めて伝えたのは下院選挙の五日前だった。しかし、プーチンは断った。下院選挙の三日後の一二月二二日、エリツィンは大みそかに辞任することを決めたとして再び後継者の大統領代行になるよう強く同意を迫り、プーチンは結局同意した。

一九九九年一二月三一日、エリツィンは辞任演説の中で次のように述べた。「私は決定した。長く悩みながら熟考した。今日、去りゆく世紀の最後の日に私は辞任する。国に大統領にふさわしい強い人物がいて、国民が将来の希望を託しているのに、あと半年間権力の座にしがみつくことはできない。なぜ私がこの人物の邪魔をし、あと半年も待つ必要があるのか。それは私のやり方ではない。憲法に基づいて大統領の権限をプーチン首相にゆだねる大統領令に署名した」。

なぜエリツィンは早期辞任を決意したのか？　それは突然辞任することで野党側に大統領選挙への準備の時間的な余裕を与えず、後継者のプーチンに確実に権力を譲る狙いがあったためとみられている。

成功したプーチンへの権力委譲

エリツィンの辞任を受け、二〇〇〇年三月の大統領選挙に向けた選挙キャンペーンが本格的に始まった。プーチンの最大のライバルになると見られたプリマコフは、共産党がジュガーノフ党首を独自候補として擁立することを決め、自らが左派中道ブロックの統一候補になる可能性が失われたことなどから立候補を断念した。プーチンは立候補を表明したが、大統領代行の職務に専念するとして、対立候補とのテレビ討論などには応じなかった。メディアはプーチンの行動や発言を詳しく伝える一方、他の候補者の情報はほとんど伝えなかった。この結果、選挙はプーチンに対する信任投票の色彩が強まり、プーチンが一回目の投票で過半数を得て当選を決められるかどうかが最大の関心事となった。

二〇〇〇年三月二六日、大統領選挙が行われ、プーチンは五二・九％を得て第一回投票で勝利した。選挙による平和的な政権交代が実現したのはソ連崩壊後これが初めてだった。このようにエリツィンからプーチンへの権力委譲は政権側の目論見通りに終わった。これはエリツィン陣営が行った政治技術、選挙キャンペーンの輝かしい勝利だった。プーチンはチェチェン戦争を踏み台に大統領に上り詰め、決断力のある強い大統領というイメージを作り上げることに成功した。

ところでエリツィン陣営と激しく争った野党側は、大統領選挙後はプーチンと和解する道を選んだ。プーチン

大統領就任式で宣誓をするプーチン（2000年5月7日）［写真：TASS／アフロ］

政権が発足した翌年の二〇〇一年一二月、プーチンの与党「統一」と野党側の「祖国・全ロシア」は統合し、「統一ロシア」となった。野党側を率いたルシコフ・モスクワ市長は「統一ロシア」の共同議長の一人になり、その後も長くモスクワ市長を務めた。プリマコフは政界を引退し、二〇〇一年にロシア商工会議所の会頭につき、プーチンを支えた。プーチンが国民の圧倒的な支持を得る中で、プーチンに反対する共産党や改革派の政党は弱体化し、強力な野党は実質的に存在しない状態となっていく。

変わらない権力継承のメカニズム

プーチンは大統領当選後、初めての記者会見で、「人々の期待は大きいが、奇跡を期待すべきではない」と述べて、過大な期待を戒めた。しかし、その後、奇跡は起きた。エリツィン時代のすさまじい混乱の中で、到底不可能と思われた経済成長と社会の安定が実現したのだ。二つの理由がある。一つはプーチンが大統領になるとほぼ同時に石油の価格が急上昇したことだ。この点ではプーチンは驚くほど運が良く、彼が大統領を務めた二期八年間はずっと石油の高値が続いた。膨大なオイルマネーが流入し、これがロシアにかつてない高度経済成長をもたらした。人々は生活が良くなったことをプーチンのおかげと受け止めた。もう一つはプーチンが治安機関を利用して中央集権体制を強化したことだ。プーチンはKGB時代の同僚や知り合いを側近に取り立てたほか、主な省庁や国営企業、地方に送り込み、監視させた。こうしてプーチン時代に入って安定と経済成長がもたらされ、プーチンは高い支持率を享受することになった。

二〇〇八年の大統領選挙を前にプーチンもまた後継者問題に直面した。憲法では大統領の任期は連続二期八年までで、三選は禁止されていた。このため、プーチンは後継候補者として第一副首相にドミトリー・メドヴェージェフとセルゲイ・イワノフを任命し、二人を競わせた。二人ともプーチンの親友で同じサンクトペテルブルグの出身だった。メドヴェージェフは若くリベラル派の法律家でガスプロム会長や大統領府長官を務め、一方のイワノフは治安機関の出身で安全保障会議書記や国防相を務めた。プーチンはソチ・オリンピックの誘致に成功するなど高い支持率を維持していたが、憲法を改正して三選を行うことは結局しなかった。そして、エリツィンと同じように若いメドヴェージェフを後継者に指名した。エリツィンと違ったのはプーチンが政界を去らず、自分が首相になったことだ。

二〇〇八年三月の大統領選挙ではプーチンの支持を受けたメドヴェージェフが楽々と当選した。メドヴェージェフとプーチンがともに統治する異例のタンデム政権が発足した。プーチンの狙いは何だったのか？　当時、二つの見方があった。一つはメドヴェージェフが独り立ちするまでプーチンが支えるというもの。もう一つはメドヴェージェフは一期限りで、その後プーチンが大統領に復帰するというものだった。

メドヴェージェフには権力を支える有力な基盤がなかった。あるのは大統領府だけだった。一方、プーチンは強い影響力を維持した。下院議会で三分の二の多数を握る与党「統一ロシア」の党首に就任し、万一の場合、メドヴェージェフを弾劾することも可能だった。KGB出身のプーチンが治安関係者を統率していたことなどから、首相であるプーチンが依然として強い立場にあると見られていた。実際メドヴェージェフは完全に自立して統治することはできなかった。

タンデム政権は結局四年で終わり、二〇一二年にプーチンが大統領に復帰した。二〇一一年九月の与党「統一ロシア」の党大会でメドヴェージェフとプーチンがポストを交換し、プーチンが大統領に復帰し、メドヴェージェフが首相になると宣言された。政権内で権力が私物化されている実態が浮き彫りとなった。このとき大都市の中間層はプーチンの決定を否定的に受け止め、二〇一一年末には反プーチンの大規模な抗議デモが行われた。

プーチンは二〇一八年三月の次の大統領選挙に立候補し、二〇二四年までさらに長期政権が続くという見方が有力だ。ソ連崩壊後に生まれたロシアの権力継承のメカニズムはこれまでのところ大きくは変わっていないし、当分変わりそうにない。選挙による国民の自由な選択は尊重されず、政権内部で後継者など権力の行方を決め、世論を操作しながら国民にそれを押し付けるというやり方が続けられるだろう。

第四章　――強権政治と後退する民主主義

　二〇〇〇年五月、プーチンが大統領就任後に取った最初の行動はテレビを支配し政権を批判してきた有力財閥に対する強制捜査だった。それは財閥による政治介入は認めないという断固とした意思表示であり、プーチンの強権政治の始まりを示すものだった。「KGB出身者の大変な政権が登場したものだ」。当時モスクワで取材していた私は強い衝撃を受けたことを覚えている。

　そのプーチンがソ連崩壊後の混乱の中でロシアに安定と経済成長をもたらすことに奇跡的に成功した。ロシアを大国として復活させ、異例の長期政権を維持し、今なお八〇%を超える絶大な人気を誇っている。プーチンを独裁者と見る人も少なくない。側近の治安関係者を要所に配置し、中央集権体制を強め、体制は盤石と見られている。一方で国民の間には長期政権への飽きや、汚職のまん延、民主主義の形骸化などへの不満や怒りがうっせきし、大規模な抗議行動も起きるようになった。

この章ではプーチンの強権政治の成り立ちを四つの視点から読み解いていく。まずプーチン政権とはどのような政治体制なのか。政権は治安関係者とリベラルの二つのグループからなっているが、それはどのようなメカニズムで動いているのか、権力の構造を分析する。第二に権力と財閥との関係だ。プーチンは財閥が大きな影響力をふるったエリツィン時代の政治の構造にメスを入れ、政権に逆らう財閥の排除に動いた。その象徴が二〇〇三年のユーコス事件だった。プーチンが権力と財閥との関係を大きく変えた背景を見ていく。第三に欧米から激しい批判を浴びている言論統制の強化と民主主義の後退の問題を取り上げる。共産党体制の崩壊で社会がようやく手にした言論の自由と民主主義をプーチンはなぜこれほど執拗に抑圧するのか？　その実態と問題の背景を探る。最後に取り上げるのは、二〇一一年から一二年にかけて起きたソ連崩壊後最大規模の反政府抗議デモの問題だ。民主化革命の波及を恐れるプーチンにとってこれは深刻な脅威だった。なぜ反政府デモが起きたのか、それはプーチン体制にどのような影響を与えるのか考える。

プーチンは独裁者か

プーチンはエリツィン時代の末期にテロとの戦いを掲げて第二次チェチェン戦争に突き進み、国民の圧倒的な支持を得て大統領の座に上り詰めた。その後、政権に抵抗する財閥やメディアを抑圧し、政敵を次々に追い落とし、権力を自らに集中してきた。プーチンは二期八年にわたって大統領を務めた後、いったん首相に退き、再び大統領に復帰した。次の大統領選挙に出て当選すれば、首相だった時期も含め実に二四年間にわたる長期政権となる。これは停滞の時代と言われたソ連のブレジネフ書記長の一八年間を超えるものだ。激動のロシアでこれだけ長く権力を維持し、しかも一度大統領の座を下りてから再び返り咲くというのは並大抵の政治力ではない。プーチンは年に一度テレビを通じて全国の国民と直接対話している。彼はすべての質問に答え、ロシアのすべてのプロセスを取り仕切っていることを誇示している。アメリカの経済誌『フォーブス』が発表する「世界で最も影響力のある人物」のランキングではプーチンは二〇一三年から四年連続で第一位を占めている。

プーチンが強い指導者であることは間違いない。では彼は独裁者なのだろうか？　私はそうは思わない。プーチンが独裁者だという理解は正しくないと考える。プーチンはかつての独裁者スターリンのようにすべてを一人で決めているわけではない。今のプーチン政権は権力や利権を求めて争っているさまざまなグループの統合体だ。プーチンは独裁者ではなく、むしろこうしたグループ間の利害の調停者であり、鋭い対立が起きた場合は仲裁者となる。二〇〇〇年に大統領に就任して以来、プーチンはこうした調停者や仲裁者の役割を果たし続けている。時が経ち、プーチンが政治的な経験や重量感を増すにつれて、その調停者や仲裁者としての役割は決定的なものになってきている。

プーチンが仲裁者の役割を果たした例として東シベリア・太平洋パイプラインのプロジェクトでの一件を挙げよう。これはロシアのアジア太平洋地域への進出を象徴する全長四八〇〇キロに及ぶ原油のパイプラインだ。バイカル湖周辺からウラジオストク近郊を結ぶもので、二〇一二年に全線が稼働した。

このプロジェクトの最初のイニシアチブを取ったのは財閥ホドルコフスキーが率いる石油最大手のユーコスだった。一九九八年、ユーコスは東シベリアのアンガルスクから中国の大慶まで自社のパイプラインを敷設する計画を打ち出した。これに対して、パイプラインを独占的に運営するトランスネフチもこのプロジェクトのロビー活動を進めた。二〇〇三年、ホドルコフスキーが逮捕されたあと、イニシアチブはトランスネフチに移った。しかし、ロシア全土で鉄道を運営するロシア鉄道はプロジェクトに反対の立場からこのゲームに参入した。大規模なパイプラインが建設されると、ロシア鉄道は鉄道でアジア向けに石油を輸出する可能性を失うことになるからだ。こうした中でプーチンはロシア鉄道の利益を擁護するため、二〇〇六年五月、自然独占体に関する法律を改正して石油の公式の輸送事業者にロシア鉄道を含めることにした。こうしてロシア鉄道はパイプライン・プロジェクトが実現しても何の被害も受けずに固定的な量の石油を輸送できるようになった。プーチンは仲裁を行い、双方の利益に配慮したのである。

逆説的なことだが、調停者や仲裁者としてのプーチンの役割が強まっていることが、彼の権力を支えている。政治学者の間には「集団的なプーチン」という言い方がある。それは政権の決定はプーチン個人によって下されているのではないという事実を反映している。プーチンはロシアの政治制度のある種のシンボルなのである。

シロヴィキとリベラル

さてプーチン政権は権力や利権を求めて争っているグループの統合体だと述べたが、その中心となっているのは「シロヴィキ」と「リベラル」の二つのグループである。シロヴィキとはプーチン政権下で大きな影響力を持つようになった新しいエリートで、F

SB（連邦保安庁）など治安機関の出身者を指す。中核をなすのはプーチンと同じサンクトペテルブルグ出身の治安機関のグループだ。彼らは保守的な価値観や伝統を重視し、権力の中央集権化や経済における国家の役割の強化、欧米への強硬路線を主張している。もう一つのリベラルは経済や法律の専門家らが中心だ。リベラルの価値観はシロヴィキとは対照的で、市場経済や政治の民主化、人権や自由、市民社会の強化を重視し、西側との協調関係を志向している。

シロヴィキとリベラルにはそれぞれ役割がある。西側と対立する時にはシロヴィキが、逆に西側との関係改善が必要な時にはリベラルが前面に出てくる。これらのグループは国内でも自らの役割を演じている。もし大規模な反政府デモが起きれば、威嚇や圧力のために舞台にはシロヴィキが出てくる。一方、大都市の中間層や知識人が現状に不満を表明すると、ガス抜きや政権との和解のためにリベラルが出てくる。重要なのはこれらのグループが何のために争っているのかだ。それはイデオロギーや国の発展戦略のためではなく、各々の権力や利権のためだ。自分の影響力や資産を増やすことが目的なのだ。

シロヴィキで最も影響力があると見られているのはロシア最大の国営石油会社ロスネフチの会長イーゴリ・セーチンだ。ロシアの新聞やアメリカの経済誌『フォーブス』によると、セーチンはロシアでプーチンに次ぐ第二位の影響力を保っていると見られている。彼はプーチンの決定に大きな影響力を持っており、利権を争うグループ間の対立の中で多くの問題がセーチンに有利な形で決着が図られてきた。セーチンはプーチンと同じくレニングラード（現サンクトペテルブルグ）の出身で、一緒にサンクトペテルブルグの市役所で働いた。その後、プーチンのあとを追ってモスクワに移り、プーチン大統領のもとで大統領府の副長官を務めた。二〇〇八年にプーチンが首相になるとセーチンは副首相になり、二〇一二年にプーチンが大統領に復帰してからはロスネフチの会長を務めている。

最近まで大統領府長官だった元ＫＧＢのセルゲイ・イワノフも非常に大きな影響力を持っている。彼はプーチンに近く、政治的な隠語では「(プーチンの) 体へのアクセスがある」と言われている。またロシア鉄道の前社長で、社会的影響力を増しているロシア正教会のパトロンとしても知られるウラジーミル・ヤクーニンも強力だ。ヤクーニンは一九九六年にプーチンらとともにレニングラード州に高級別荘の協同組合「オーゼロ」を立ち上げるなど、プーチンと古くからの友情と信頼関係で結びついている。軍産複合体を取り仕切る副首相のドミトリー・ロゴージンも注目すべきだ。彼はナショナリスティックな人々の間で権威と人気がある。巨大国策会社ロステフノロギーの社長セルゲイ・チェメゾフの立場も強い。彼もシロヴィキで、軍需産業や武器の輸出を取り仕切っている。KGB時代、東ドイツでプーチンとともに働いたころから親しくしていた。

リベラルは大きく三つのグループに分けられる。イーゴリ・シュワロフ第一副首相のグループ。アルカジー・ドヴォルコヴィチ副首相と最大手の銀行ズベルバンクの総裁ゲルマン・グレフのグループ。そして国策会社ロスナノ総裁のアナトリー・チュバイスと元財務相のアレクセイ・クドリンのグループだ。クドリンは政府のポストにはついていないが、影響力を失ってはいない。プーチンは定期的に彼と会い、その意見に耳を傾けている。

メドヴェージェフ首相については評価が分かれている。彼をリベラルのグループに入れる専門家もいるが、少なくとも今は単にプーチンの部下で、プーチンがグループ間のバランスを取るのを助けていると見られている。二〇〇八年に大統領になった時、メドヴェージェフはリベラルの自立した政治家で、西側との関係を根本的に改善できると期待された。しかし、それは幻想に過ぎなかった。実際にはメドヴェージェフはプーチンの弟分にすぎず、大統領として憲法上大きな権限があったのに独立性は持っていなかった。

リベラルとシロヴィキの争い

政権内では利権をめぐってシロヴィキ同士やシロヴィキとリベラルの間でしばしば争いが起きている。最近の例では、二〇一六年一一月、プーチン訪日を前に日本との経済協力の窓口役となっていたリベラルのアレクセイ・ウリュカエフ経済発展相が突然逮捕され解任された事件がある。捜査当局によると、ウリュカエフは国営石油会社ロスネフチが一〇月に地方の中堅石油会社バシネフチの政府保有株五〇％を買収した際、バシネフチの評価額を上げる見返りにロスネフチから二〇〇万ドルの賄賂を受け取った疑いがもたれている。しかし、関係者の多くはこの発表を疑っている。政治的に大きな影響力のない経済発展相がプーチンに次ぐ実力者のセーチンの会社を脅し、二〇〇万ドルを受け取ったというのは信じられないというのだ。

事件の背景にはバシネフチの民営化をめぐるシロヴィキとリベラルの対立があったと見られている。ロシア政府は予算の赤字を埋めるためにいくつかの国営企業の資産の民営化計画を決めた。このうちの一つが国営石油会社バシネフチの株の売却だったが、この株の獲得に思いがけずロスネフチが乗り出した。これはリベラルの強い抵抗にあった。ウリュカエフ経済発展相やシュワロフ第一副首相、ドヴォルコヴィチ副首相らリベラルは「国営企業の民営化に別の国営企業が参加するのはばかげている」として皆ロスネフチの参加に反対した。この問題でプーチンはコメントを避けていたが、二〇一六年九月、西側の通信社ブルームバーグとのインタビューで次のように述べた。

「ロスネフチによるバシネフチの株の購入は最善の選択肢ではない。しかし、予算の観点からは誰がより多くの金を出すかが重要だ」。

　このように彼は慎重にロスネフチとセーチンの利益を支持した。このあと取引が行われ、その一カ月後ウリュカエフが逮捕された。取引に反対したリベラルに対してロスネフチとセーチンから手を引けという明らかな警告が出されたのだ。

政治に介入する財閥を排除

　ここまでプーチン政権の権力構造や内部でどんな争いが起きているのかを見てきた。続いてプーチンがいかにしてこのように強力な政治体制を築きあげたのかを見ていくことにする。その原動力となったのが経済成長を背景にした国民の圧倒的な支持と、治安関係者を使った中央集権体制の強化だ。その結果、議会ではプーチン支持の政権与党が多数派を占めるようになり、政権に逆らう財閥やメディアは抑え込まれ、地方の独立的な動きは封じこめられていった。

　権力基盤を形成していく過程で、プーチン政権の強権的な姿勢が最もはっきりと表れたのが新興財閥に対する攻勢である。新興財閥とはソ連崩壊後の急激な市場経済化の過程で生まれた寡占資本家たちで、オリガルヒとも呼ばれる。彼らはエリツィン時代には大統領の側近グループに入り、クレムリンの政治を動かすまでになった。この政治に介入する新興財閥を排除し、権力と財閥との関係を大きく変えようとしたのがプーチンだった。

　二〇〇〇年五月、プーチンは大統領就任直後に有力財閥ウラジーミル・グシンスキーに対する強制捜査に踏み切った。メディア王と呼ばれたグシンスキーは全国テレビのNTV（独立テレビ）やラジオ局、新聞、雑誌を所有し、政権批判を繰り広げていた。最高検察庁から尋問を受けたグシンスキーは詐欺容疑で逮捕され、政治犯の収容で悪名高いモスクワのブティルスカヤ監獄に送られた。その後、グシンスキーはNTVを政府系のメディアに売却し、スペインに逃れた。

　次の標的になったのは財閥のボリス・ベレゾフスキーだった。彼は全国テレビの第一チャンネル（ORT）をコントロールし、アエロフロートやロゴバス、シブネフチなどさまざまな大企業を支配していた。政商と呼ばれたベレゾフスキーはエリツィン政権で大統領の側近グループのメンバーとなり、大きな影響力をふるった。与党「統一」の創設にも深く関わったが、プーチンは政治に介入しようとするベレゾフスキーを敵視し、事実上の国外追放処分にした。

では財閥への統制強化の狙いはどこにあるのだろうか。第一は国民の支持を狙ったポピュリスト的なものだ。国民の三分の一が貧困状態にある国で、一握りのグループが国の富の大部分を所有している。それは明らかな不正義であり、金持ちへの罰は正義の回復と見なされ、簡単に国民の支持が得られる。第二はエリツィン時代の民営化の結果を見直し、プーチン政権内のグループ間で富の再分配を行うことだ。第三に財閥がマスコミを握って政権を批判する状況を根本的に変えることだ。

プーチンは二〇〇〇年七月、有力な財閥を一堂に集め、政治への関与は認めず、財閥は経済活動に専念するよう言い渡した。今日、国家と企業の間には見えない協定が存在していると言われている。それは、国家は民間企業の私的所有や活動の自由を保障するが、その代わりに企業は国家への忠誠心を示さなくてはならないというものだ。エリツィン政権と異なり、プーチン政権下では民間企業は政権への忠誠心を示さなければ、企業を維持発展させるのは難しくなった。プーチンに近い大企業家でさえ、たとえ大統領と以前からの知り合いであっても、自立した政治勢力となることはできないのだ。

ユーコス事件

プーチンの強権政治を内外に示したのがユーコス事件だった。二〇〇三年一〇月、石油最大手ユーコスの社長ミハイル・ホドルコフスキーが脱税などの疑いで逮捕された。ユーコスはアメリカ式の経営を取り入れた優良企業で、ホドルコフスキーはアメリカとのエネルギー協力の推進者だっただけに、事件は世界中に大きな衝撃を与えた。プーチン政権は最高検察庁などを動かし、法を選択的に適用することで政権を脅かす有力者を追い落とした。事件は政権内でのシロヴィキの台頭やロシアの市場経済の危うさを印象付け、海外からの投資やロシアのイメージをそこなうことになった。

事件の背景にはホドルコフスキーとプーチン政権との対立があった。ホドルコフスキーはクレムリンの意向に反する形でユーコスと大手石油会社シブネフチの合併を決定した。また下院議会選挙を前に野党のヤブロコや右派勢力同盟、共産党に資金援助するなど影響力を強め、二〇〇八年の大統領選挙に自ら立候補する可能性もうかがわせていた。また事件の前には政治学者のスタニスラフ・ベルコフスキーらが書いた『国家と財閥』と題する衝撃的な報告書が発表された。これは財閥がプーチンを権力から遠ざけるためにクーデターを準備しているという内容で、財閥が政治的な動きを強めていることを警告したものだった。

事件を仕組んだのは当時大統領府副長官だったセーチンだったと見られている。同様の見方はホドルコフスキー自身も再三にわたって述べている。またユーコスが倒産し、その中核をなす資産は最終的にセーチンのロスネフチのものになった。これは事件が誰の利益のために行われたのかを端的に示している。

二〇〇五年、ホドルコフスキーは自由はく奪八年の判決を受け服役したが、二〇一三年一二月、プーチンの恩赦を受け釈放され、海外に出国した。ユーコス事件は大企業にとって大きな警告となった。それは企業が活動を続けるためには権力側と友好関係を保ち、「利益を分け合う」必要があるということだ。つまり、企業は権力側が進める社会的な分野やインフラ開発などのプロジェクトに対して必要な時に金を出すということなのだ。

言論統制の強化

以上、プーチン政権の強権政治の代表的な例として新興財閥に対する締め付けを見てきた。次はソ連末期のゴルバチョフ政権のグラースノスチ（情報公開）によって花開いた言論の自由がプーチンの強権政治によって統制が強化され、危機的な状況に陥っている実態を見ていくことにする。話はまずウクライナ危機をめぐるメディアの最新情勢から始めよう。

ロシアではウクライナ危機の際、三大通信社の一つ、RIAノーヴォスチが廃止された。ウクライナで政変が起きる二カ月前の二〇一三年一二月。ウクライナはEUと政治・貿易協定の仮調印を済ませたが、親ロシア派のヤヌコーヴィチ大統領はロシアからの圧力もあり、土壇場で本調印を見送った。これに対し、EU寄りの野党勢力が強く反発し、ウクライナは大規模な反政府デモが発生するなど騒乱状態に陥った。こうした中、二〇一三年一二月九日、プーチンはRIAノーヴォスチをラジオ局「ロシアの声」とともに廃止し、新たに国際通信社「ロシア・セヴォドニャ（ロシアの今日）」を創設する大統領令に署名した。これはRIAノーヴォスチを事実上解体するものだった。

何が問題だったのか？　内部事情に詳しい関係者によると、原因はRIAノーヴォスチがウクライナ情勢について客観的な報道を行ったことにある。RIAノーヴォスチの編集長スヴェトラーナ・ミロニュクは二〇〇六年の就任後、この通信社を現代的で機動的な競争力のあるメディアに改革した。ウクライナ情勢についても客観的な立場を取った。これに対して、クレムリンはRIAノーヴォスチがウクライナ情勢を正しく伝えておらず、そうした客観的な立場は必要ないと判断したという。ＲＩＡノーヴォスチの解体とミロニュクの解任は多くの記者たちにとって全く思いがけないものだった。

新たに作られた「ロシア・セヴォドニャ」のトップ、総支配人にはテレビのキャスターで、反欧米的な姿勢で有名なドミトリー・キセリョフが任命された。「ロシア・セヴォドニャ」の仕事はロシアの主張を伝えるプロパガンダを行うことだ。ウクライナに関する記事は目立って変わり、客観的な内容に代わって、反ウクライナ、反西側的な方向性が強まっている。

メディア全体を見ても、ウクライナ危機で目立っているのがロシアとウクライナのプロパガンダ合戦である。双方は全く正反対の報道を行っている。相手の主張を否定し、自国の主張を正当化するプロパガンダに全力をあげている。客観報道は見られず、何が真実かわからない状況だ。例えば、二〇一四年二月の親ロシア派のヤヌコーヴィチ政権が倒れた政変について、ウクライナ側は「市民革命」と意義を強調するが、ロシア側は「ファシスト勢力による憲法違反のクーデター」と合法性を認めていない。また二〇一四年七月のウクライナ東部上空で起きたマレーシア航空機の撃墜事件について、ウクライナ側は「ロシアが供給した武器を使って東部の親ロシア派が行った犯行」と主張しているのに対して、ロシア側は「ウクライナ政府軍による犯行」だと主張し、対立している。

またウクライナ危機の翌年の二〇一五年一〇月五日、ロシアが中東のシリアで空爆を開始した時、国営テレビ「ロシア24」の天気予報の女性キャスターは、シリアの天気はロシア軍の空爆の実施にとって理想的だと驚くべきコメントをした。背景にはシリア上空を飛ぶロシアの戦闘機や空爆の映像が映し出された。天気予報さえもプロパガンダに利用されているのだ。

ロシアではウクライナ危機などで欧米への反発や愛国主義、ナショナリズムが高まっている。そうした中でロシアでは「ソ連時代のようにロシアは敵に囲まれている。ウクライナ危機もプーチン政権を倒そうとするアメリカの陰謀だ」というプロパガンダを強めているのだ。

テレビへの規制強化

プーチン政権下における言論統制はさまざまな出来事や事件をきっかけに段階的に強まってきた。最初は大統領就任をきっかけとした政権に批判的な全国テレビへの攻勢だった。二〇〇〇年五月、財閥グシンスキーが支配するメディア・グループ「メディア・

モスト」の本社が覆面をした特殊部隊の強制捜査を受けた。グループの中心的な存在の全国テレビNTV（独立テレビ）は大勢の優れたジャーナリストを擁し、民主主義擁護など西側的な視点で政権を批判してきた。例えばエリツィン時代には第一次チェチェン戦争で一般市民に大勢の犠牲者や難民が出ていると伝えるなど、政権に終始批判的な報道を行った。一九九九年一二月の下院議会選挙では反大統領派のプリマコフ元首相らの陣営を支持し、大統領派のメディアと激しい誹謗中傷合戦を繰り広げた。強制捜査のあと、グシンスキーは国外追放処分となり、NTVは翌二〇〇一年、政府系のガスプロム・メディアが経営権を握った。キャスターのエヴゲニー・キセリョフら政権に批判的な多くのジャーナリストたちはNTVを去った。

プーチンがテレビへの攻撃に乗り出した背景には二つの理由がある。一つはメディアを握って政権批判を繰り広げ、政治に介入してきた財閥を追放すること。もう一つは国を統治するため情報操作の有効な道具としてテレビを利用することだ。プーチンは自分が無名の存在から大統領に駆け上がった過程でテレビがいかに大きな役割を果たしたかを認識していた。ロシアでは新聞よりもテレビがはるかに大きな影響力を持っている。広大なロシアでは新聞が届く地域は限られているのに対して、テレビは全国どこでも見ることができ、国民の大きな情報源となっている。

次の標的は全国テレビの第一チャンネル（ORT）だった。所有者の財閥ベレゾフスキーは国外追放処分となった。彼は翌二〇〇一年、第一チャンネルのすべての株式を政権に忠実な財閥のロマン・アブラモーヴィチに売却した。この結果、プーチン政権は国営のRTR（ロシア国営テレビ）に加えて、NTV（独立テレビ）、第一チャンネル（ORT）の三大ネットワークをすべて支配下に置いたのだ。その目的はクレムリンに有利な情報や映像を伝えることだ。ロシアの国民はプーチンが大統領になった時からすでに一五年以上もこうした一方的な情報操作を受けているのだ。

テロとの戦いを口実に規制強化

さらなる規制強化のきっかけになったのが二〇〇二年一〇月のモスクワ劇場人質事件だった。チェチェンの武装勢力が引き起こしたこの事件は人質一二九人が死亡するという悲惨な結果となった。この時、テレビ各局は現場からの生中継を交え、詳しく伝えた。中でもNTVは劇場の内部を撮影し、武装勢力のリーダーとのインタビューも放送した。これに対して、プーチン政権は突入作戦をテロリストに知られるおそれがあっただけでなく、人質の安全をも脅かしたとして、テレビ局の対応を強く非難した。

こうして権力側はテロとの戦いを口実にし、事件をどう報道するのか、社会にどのような情報を出してよいのか、ジャーナリストの活動や報道の内容に踏み込んだ制限を設けた。この事件を受けて、記者たちは自主規制をし始めた。

その後、二〇一一年にモスクワで大規模な反プーチンの抗議デモが起きた時にもメディアへの規制が強化された。「中傷についての法律」が制定され、根拠のない情報を広めた記者は誹謗中傷の刑事責任を問われることになった。これは政権に批判的なメディアへの脅しで、反政府の抗議運動を封じ込める狙いがある。

言論統制を受け入れる国民

権力側による言論統制が強まる一方、ロシア人の多くはそれをあまり問題視していない。その理由はロシアのメディアの歴史にある。ロシアでは言論の自由は上からもたらされた。これは一九八〇年代にゴルバチョフがグラースノスチ（情報公開）を進める中で行ったことだ。つまり、ロシアの市民は言論の自由を勝ち取るために戦ったわけではない。その後、プーチン政権は社会から自由で独立したメディアを取り上げた。市民は簡単にもらったものをいとも簡単に差し出してしまったのだ。

もう一つの問題はメディアに対する国民の態度が大きく変わったことだ。ゴルバチョフ時代やエリツィン時代のはじめには記者たちは「使命感を持ち、大衆に真実を伝える人」として尊敬された。しかし、市場経済が発展し、エリート間で利権争いが起きると、記者たちは変節した。情報を客観的に伝えるのではなく、エリート間の争いでそれぞれの側につき、信ぴょう性のない情報を流し始めた。人々は記者たちが金で買われ、注文されてウソの記事を書き、ゆがんだ情報を伝えることがありうると知った。こうして記者たちは国民の信頼を失い、多くの人がメディアを軽蔑するようになったのだ。

後退する民主主義

こうした言論統制の強化とともに、プーチン政権下で懸念されているのが、ソ連崩壊後、ロシアの人々が享受してきた民主主義が大きく後退していることだ。欧米諸国はロシアでは中央集権化が強まり、言論機関やNGOが抑圧され、民主主義も形骸化していると批判している。なぜプーチンは民主主義に逆行するような措置を取るようになったのか？　私はオレンジ革命と呼ばれるウクライナの民主化革命の影響が大きいと考えている。

二〇〇四年一二月、ウクライナでは大統領選挙の不正に人々が反発し、連日大規模な抗議行動が繰り広げられた。プーチンは与党の候補で親ロシア派のヴィクトル・ヤヌコーヴィチ首相を公然と支持し、選挙期間中にウクライナを訪問するなどあからさまに選挙に介入した。ウクライナには世論操作の政治技術を持ったロシアの専門家たちが送り込まれた。プーチンはウクライナはロシアと同じだと考えた。つまり、ソ連崩壊後のロシアのすべての選挙でうまく働いた世論操作の政治技術がそこで機能すると考え、ヤヌコーヴィチの勝利を強く確信していた。

しかし、オレンジ革命の結果、やり直しの決選投票でヤヌコーヴィチは敗北した。これはプーチンにとって思いがけないことだった。ウクライナで政治技術のメカニズムが機能しなかったばかりではない。連日抗議集会を繰り広げた人々は、誰にも強制されず、野党側のヴィクトル・ユーシェンコ候補を支持するため、自分の意志で集まってきたのだ。プーチンにとってそれは二重の意味で恐ろしいことだった。まずプーチンが信じた行政的な措置や世論操作の政治技術が機能しないこともありうること。そして、彼の理解では、ウクライナ人は、ロシア人と同じ言葉と過去を持ち、同じ文化と精神性を持っている。だからキエフで可能なことはモスクワでもありうることを意味したのである。

プーチンはオレンジ革命を自分の権力への脅威と受け止めた。ロシアでも大規模な反政府暴動が起き、政権崩壊につながることがありうるという考えは、時が経ってもプーチンに付きまとっている。オレンジ革命から一〇年経った二〇一四年一一月、ウクライナ危機で欧米から制裁を受ける中で、プーチンはカラー革命（旧ソ連諸国で相次いだ一連の民主化革命）の危険性について次のように述べている。

「我々はカラー革命の波がどんな悲劇的な結果につながったのか、無責任な実験が行われた諸国の国民がどんな動揺を体験したのか見ている。我々にとってこれは教訓であり警告だ。そして我々はこれがロシアで絶対に起きないようにあらゆることをする」。

ロシア独自の民主主義

ロシアで民主主義が後退しているという欧米の批判に対し、プーチンはロシアには独自の民主主義があると反論する。二〇〇五年四月の年次教書演説では次のように述べている。

「我々が選んだ民主主義の道には独自の特徴がある。すべての民主主義的な規範を順守しながら、自らの歴史的、地政学的な特性を考慮に入れて自分で決定する。ロシアは主権国家としてこの道を歩む期限と条件を独自に決定していく」。

このロシア独自の民主主義を「主権民主主義」として理論化したのが大統領府副長官でクレムリンのイデオローグと呼ばれたウラジスラフ・スルコフだ。スルコフはロシア独自の伝統として中央集権やツァーリ（皇帝）の強い手を求める昔からの願望があるとして、プーチンの強権支配を正当化しようとした。「主権民主主義」とは簡単に言えば、ロシアには西側的な理解の民主主義はないという事実を認め、意味づけするための用語だ。西側がロシアの民主主義のあり方を批判するのに対し、クレムリンはこれに反論する理論的な根拠を見出す必要があった。

衝撃の反プーチンデモ

このように長期政権を続けるプーチンは強権政治によって言論の自由や民主主義を抑え込み、体制の維持や社会の統制を優先させてきた。そうしたプーチンのやり方を人々はどう受け止めているのだろうか？　経済成長を謳歌する中、多くの人々はプーチンを支持し、これまで政治に無関心だった。しかし、時が経つにつれ、長期政権への飽き、まん延する汚職などへの不満や怒りがうっせきし、ある時、思わぬ形でそれが噴出することになった。

二〇一一年一二月五日、モスクワで数千人が参加した異例の反政府抗議デモが行われた。これは前日の四日に投票が行われたロシア下院議会選挙の不正に抗議したものだった。この選挙で与党・統一ロシアはかろうじて過半数を維持したものの議席を大幅に減らした。統一ロシアは「詐欺師と泥棒の党」と批判されるなど腐敗がひどく、人気は大きく落ち込んでいた。選挙では非常に多くの不正行為が行われた。選挙委員会のメンバーが「統一ロシア」と書いた投票用紙の束を投票箱に投げこんでいたという報告もあった。票の水増しなどの違反は多くの有権者がスマートフォンで撮影し、その映像をインターネットに投稿した。人々はそれを見て大規模な不正があったことを知り、自分たちがバカにされたと感じた。これがきっかけとなって人々は抗議行動に参加したのだ。参加の呼びかけは多くの場合、アラブの春と同じようにツイッターやフェイスブックを通じて行われた。

はじめ人々は公正な選挙を求め、権力側との対話を求めたが、プーチンは全く受け付けなかった。集会は次第に反プーチンの様相を強め、群衆は「プーチンやめろ」と叫ぶなどプーチン批判を強めていった。これに対して権力側は大勢の警察や治安部隊を動員して抗議行動を鎮圧した。

抗議に参加したのはどんな人々だったのか？　知識人や教育水準が高い人、若者、思慮深く社会で成功した人、インターネットで情報に通じ、市場経済に適応した人だった。重要なのは自立していて自分で生活を打ち立て、国家からの支援や雇用に頼っていない人々だったことだ。彼らは雪や寒さ、休日にもかかわらず抗議に参加した。プーチン体制に反対しているのはこうしたモスクワやサンクトペテルブルグなど主に大都市に住む中間層だ。ロシアの社会は少数派の反プーチン派と、多数派のプーチン支持派に大きく分裂している。プーチン支持派は主に中小の町や農村部に住んでおり、ソ連時代のような安定を重視している。こうした双方の亀裂はますます深まっている。

モスクワで始まった抗議デモはロシアの全土に広がっていった。野党側の発表によると、モスクワでの参加者は一二月五日に数千人だったが、一〇日には五万人、二四日には一二万人とみるみるうちに増えていった。大規模な反政府デモは翌二〇一二年五月の大統領に復帰したプ

不正選挙への抗議デモ（モスクワ、2011年12月24日）［写真：ロイター／アフロ］

ーチンの就任式の前後までの半年間、数回にわたって繰り返し行われた。

これは一九九一年八月のモスクワでのクーデター未遂事件以来、ソ連崩壊後最大規模の抗議行動となった。こうした抗議行動はチュニジアやエジプトなどアラブ世界で相次いだアラブの春に続いて起きただけに、ついにプーチンのロシアにも民主化革命が波及したのではないかと世界中の大きな関心を集めた。実際、これらの抗議デモはプーチンにとってまさに「晴天の霹靂」だった。これはプーチンがこの数年最も恐れていたことであり、オレンジ革命やアラブの春のようなことがモスクワで実際に起きる可能性があることを示すものだった。この抗議行動について反プーチンの政治学者リリヤ・シェフツォワは当時、抗議デモは今後も繰り返し津波のように押し寄せるだろうと警告した。「今後の展開を津波にたとえてみよう。第一波と同様に今の第二波も何の成果もないだろう。しかし、波は何度も来るし、それがどんな成果をもたらすかは今は分からない」。

たまった怒りや不満が爆発

選挙での不正は抗議のきっかけにすぎなかった。怒れる市民の不満そのものは数年間にわたって蓄積されていた。人々はプーチン政権のはじめには政治に関心を示さず、もっぱら自分の暮らしや仕事に集中していた。一方で社会では汚職がまん延するなど不公正はひどくなるばかりだった。人々は我慢していたが、自分たちがキャリアや金、技能や知識を持ちながらも今の社会では十分に敬意を払われていないと感じるようになった。

こうした人々の意識の変化は実はロシアの社会が発展してきている証拠でもある。国家にすべてを頼ってきたソ連時代の社会から自立した市民社会に変わりつつあることを示すものだ。そうした中、二〇〇八年にプーチンから若いメドヴェージェフへの政権交代が行われた。メドヴェージェフは近代化に取り組み、自立した人々の価値観に近い考え方を示した。彼は強い指導者とはみなされなかったが、自由の雰囲気をもたらしたことに人々は敬意を表した。

しかし、二〇一一年夏、プーチン首相に関するリポートがテレビで相次いで放送されるようになった。プーチンは上半身裸で馬に乗り、虎を手なずけ、海に潜って六世紀の遺跡のツボを発見した。クレムリンのPRマンはそうしたリポートは市民の喝采を呼ぶだろうと考えていた。しかし、社会は変わり、かえって嘲笑を呼び起こした。SNSなどにも「最近プーチンの姿が多くなったが、もうたくさんだ。権力は我々をバカにしている」といった書き込みが目立った。

二〇一一年九月、与党・統一ロシアの党大会でメドヴェージェフとプーチンは大統領と首相のポストを交換する意向を表明した。この時までメドヴェージェフは社会で好意的に見られ、リベラルのエリートの間には支援グループさえ作られた。メドヴェージェフが二期目を目指して立候補する意向を表明するという見方が大勢だった。そうした中でメドヴェージェフとプーチンが突然、ポスト交換を表明したのだ。この権力の私物化が人々の間に大きな不満や怒りを呼び起こした。

抗議行動の弾圧

二〇一二年五月六日。プーチンの大統領就任式の前日、クレムリンの近くで行われた抗議デモは流血の事態となった。「一〇〇万人の行進」と名付けられた大規模なデモが行われ、主催者側の発表で数万人が参加した。行進が終わりに近づいた時に治安部隊とデモの参加者との間で激しい衝突となった。治安部隊はこん棒や電気ショックなどを使い、編み上げ靴で参加者を乱暴に蹴りあげた。参加者はアスファルトの道路を引きずられ、けが人の足や腕は血に染まった。この日、デモの参加者四〇〇人以上が拘束された。こうしてプーチンは抗議行動を全力で鎮圧したのだ。

大統領に復帰したプーチンは抗議行動を封じ込めるため直ちに規制を強化した。違法なデモに対しては罰金を大幅に引き上げ、外国から資金を得ているＮＰＯは「外国のエージェント」と見なし、スパイ組織のような扱いをすることになった。

その後もプーチンは警戒を強めている。二〇一六年四月にはテロ対策や治安維持を担う国家親衛隊が創設された。これは内務省系の治安部隊を再編成したもので、二〇～三〇万人の規模と見られている。プーチンは彼の体制を警護する、より忠実な自分の軍を作ったのだ。プーチンは抗議デモがたとえ少数であれ、民主化革命の波及につながりかねない現実的な脅威と受け止め、断固として対処する方針だ。権力へのいかなる批判も過激主義と見なし、容赦しない構えだ。

二〇一一～一二年に相次いだこの大規模な反政府運動は結局、当局に抑え込まれた。しかし、大統領選挙を翌年に控えた二〇一七年三月には政権の汚職に反対する大規模な抗議デモが行われた。ロシアの社会には揺り戻しが起きている。原油価格の下落や欧米からの制裁で、生活レベルが低下し、国民の反発が強まるおそれがある。確かに抗議は少なくなったが、人々の間には不満や怒りがうっせきしている。二〇一一～一二年の時のような熱狂はないが、社会は着実に変化している。

第五章　揺れるロシア社会

「今後一〇年間で最低でもＧＤＰを倍増させなければならない」。

二〇〇三年、プーチン大統領は年次教書演説でＧＤＰ倍増という壮大な目標を打ち出した。これは一九六〇年代の日本で池田内閣が掲げた所得倍増政策を思わせるものだ。

二〇〇〇年代のプーチン時代の社会は石油価格の高騰に支えられ、夢の高度経済成長が実現した。人々は家や車を買い、初めて海外旅行に出かけるなど豊かな生活を享受した。

ロシアにはプーチンと人々が交わした暗黙の社会契約があると言われている。それは、「私はあなた（社会）に豊かな暮らしを保証する。その代わり、あなたは私を支持し、政治に関わってはならない」というものだ。この契約に従って、人々は自らの生活や仕事に没頭し、プーチンを支持し、政治には関心を示さなかった。

好景気を謳歌したこの二〇〇〇年代に比べ、二〇一〇年代になると雲行きが怪しくなってきた。潮目が変わったのは二〇一一年の末。選挙の不正やプーチンが大統領復帰の意向を示したことに人々が反発し、大規模な反政府デモが起きた時のことだ。その後ウクライナ危機や石油価格の大幅下落で経済危機が起き、欧米との対立も一層激しくなった。状況の変化に伴って、プーチンとの社会契約も見直された。安定していた社会にも振り子のように揺り戻しが起きてきた。

このようにプーチン時代の社会は二〇〇〇年代の高成長期と二〇一〇年代の低成長期の大きく二つにわけることができる。この章では揺れるロシア社会の変化をさぐりながら、初めて豊かな消費生活に触れた人々の胸のうちや、新しい生活になじんだ頃に突然訪れた低成長と数々の危機、そうした中で愛国心をあおりながら体制維持に努める政治と人々との危うい関係を読み解いていく。

ツキに恵まれたプーチン

プーチンは大統領に就任した二〇〇〇年代のはじめはまだエリツィンの影から抜け出せず、完全に自立した状況ではなかった。しかし、プーチンに有利な要因もいくつかあった。第一にエリツィン時代末期には多くの人々の生活水準が極端に低かったことだ。

な市場経済化で暮らしはどん底状態で、特別な期待はなかった。このため、わずかでも状況が改善すれば人々から感謝の念をもって受け止められた。

第二に石油価格の高騰がかなり長く続いたことだ。プーチンが就任した二〇〇〇年にはWTI原油で一バレル＝三〇・三ドルだったが、その後右肩上がりの上昇を続け、二〇〇八年には一時的に一四七・三ドルの史上最高値をつけた。ロシアには膨大なオイルマネーが流入し、人々は皆恩恵を受けた。それは不可避的にプーチンの人気を押し上げることになった。

第三に若く健康なプーチンが病気がちな晩年のエリツィンとは全く対照的だったことだ。エリツィンはかつてクーデターを阻止してカリスマ的な人気を得たが、晩年にはアルコール中毒で心臓病など多くの病気を抱えていた。彼の飲酒は大統領の職務の遂行に影響を与え、内外で人々を困惑させるような出来事を引き起こした。一九九四年、エリツィンはベルリンでのソ連軍の撤収記念式典の際に泥酔し、軍楽隊の演奏中に指揮者から指揮棒を奪って自ら指揮をするという騒ぎを起こした。エリツィン時代には政治や経済の混乱や対立が続き、人々は将来への希望も期待も持てなかった。

しかし、突然、若く健康で酒を飲まない後継者のプーチンが現れた。人々はいずれにしても事態はこれ以上悪くなりようがなく、新しい大統領のもとで起きることを静かに見守ろうと考えた。こうしたことはプーチンにとってプラスに働いた。

急速に変わるロシア社会

プーチンの人気を支えたのはまさに経済だった。二〇〇〇年から二〇〇七年までのGDPの成長率は年平均七・二%という驚異的なものだった。経済の回復を人々は長い間待ちわびていた。ソ連崩壊後、ロシアに導入された市場メカニズムが長い困難の末、ついに機能し成果を生んだ。もちろん成功の半分は疑いもなく石油価格の高騰によるものだ。つまり、七・二%の成長は石油価格の高騰とロシアの市場経済が機能し始めたことの二つの要素が合わさった結果である。GDPの成長は人々の実質所得の増加をもたらし、エリツィン時代との違いがはっきりと現れた。

人々にとってうれしい驚きだったのは賃金や年金が毎月支払われ、しかもそれが少しずつ上がり始めたことだ。エリツィン時代、支払いの遅れは一年にも達した。これが改善されたのは石油の高値が続いたからだが、人々はそれをプーチンのおかげと受け止めた。急速な経済成長でロシア社会は大きく変貌していった。

まず目についたのは外国の大型小売店が相次いで現れたことだ。ロシア市場に素早く参入したのはオーシャン（フランス）やメトロ（ドイツ）といった中間層向けの商品に特化したスーパーマーケットだった。モスクワっ子のライフスタイルが変わり始めた。若い夫婦や家族連れが休日にスーパーマーケットに行き、大きなカートで食料品など多くの商品を買うのは普通のことになった。こうした店での買い物や商品の豊富さに慣れていないロシア人は息をのんだ。天井まで商品が積まれた棚、ヨーロッパ各地から集められた多くのブランド品、それが一つの店にすべてある。魚屋には氷に入った新鮮な魚。笑顔で親切な店員は機敏な動きで魚をさばいてくれる。隣には豊富な肉。鶏肉や牛肉、羊の肉、フランス風にマリネにされたリブ。パン屋にはオーブンで焼いたばかりのフランスパン。バターのにおいのするクロワッサン。何てすばらしい。親たちは大満足で、子供たちも店内をカートに乗って駆け回っていた。

やってきた新しい生活

ロシアの大都市は建設ブームにわいた。モスクワでは巨大な建設用のクレーンがあちこちで見られるようになった。目立つのはショッピングモールや外国企業用のオフィスだけではなく、新しい住宅の建設だ。それも軍人や公務員のためだけではなく、成長する中間層、いわゆるアッパーミドル（上位中産階級）のためのものだ。感じの良い新しい住宅にくわえて、広い部屋や浴室がいくつもある豪華な住宅も現れた。建設ラッシュは新たな成長の波を生んだ。それはフル稼働する建設資材の工場、外国の技術を導入した窓枠を作る工場、大勢の建設労働者などだ。

豊かな時代を象徴するのが世界最大の家具量販店、スウェーデンのイケアのモスクワ進出だ。二〇〇〇年にモスクワ北部にオープンした第一号店はすぐにロシアの人々のお気に入りとなった。若い家族だけでなく、子供や孫を連れた大きな家族もやって来た。これは住宅の大量建設の時代、古いソ連式から新しい木材や繊維のにおいがするヨーロッパ式の生活への変革の時だった。新しい生活にあった快適な家具やテーブル、カーテン。イケアを訪れる人々の顔は創造的な楽観主義に輝いていた。

インテリアやデザインに関するさまざまな雑誌も現れた。人々はこれを見て研究し、新しい生活を夢見た。自分の家や家族と過ごす余暇。皆が自分の生活を良くすることに没頭した。これはテレビの番組やその内容の変化にはっきりと表れている。政治番組やギャングのシリーズ物は姿を消し、インテリアや自動車、料理の番組が現れた。

モスクワには欧米や日本、韓国などの多くの自動車の販売店ができた。以前は道路を走っている車に外国車はほとんどなかったが、いまや反対にロシアの車の方が少なくなった。プーチン時代、人々が車を手に入れることができるようになったのは、実質所得が増えたのに加え、新たに自動車ローンの制度が導入されたことが大きい。これはロシアにはなじみのなかったもので、この時代、銀行の消費者金融やクレジット・カード、住宅ローンなどの新しい制度が急速に普及したことが消費ブームにつながった。こうして人々は自家用車を手に入れようと販売店に急いだ。そして、念願のマイカーに乗り、週に一度スーパーマーケットに行って買い物を楽しんだ。

プーチンは外国の自動車メーカーにロシア進出を強く働きかけた。その結果、サンクトペテルブルグにはフォード、トヨタ、GM、日産、ヒュンダイなどが次々に生産拠点を建設し、サンクトペテルブルグはロシアのデトロイトと呼ばれるようになった。「ベントレー」や「マセラティ」といった高級車も販売は好調だった。当時モスクワでは道路を走る車の中で、「マイバッハ」と「ベントレー」のどちらが多いか数えるという遊びがはやったという。

おしゃれに関心

社会の流行も大きく変わった。多くのモード雑誌が現れ、人々のおしゃれやスタイルに影響を与えた。人々の関心は政治や社会生活から、すべての面で個人的な生活へと大きく方向転換した。テレビもそうした人々の関心を反映した番組を作った。何を食べるのか、何を着るのか、どこでどのように生きるのか、いかに休むのか。政治についてはほとんど取り上げられなかった。

女性ばかりではなく男性も自分の外見、衣服や靴、アクセサリー、化粧に多くの注意を払うようになった。ビューティサロンには多くの新しいサービスが現れた。男性のためのマニキュアなどは以前にはなかったものだ。

この時代の典型的な女性像は次のようなものだった。きれいな長い脚、日焼けした肌、腰までの長いブロンドの髪、高いかかとのイタリア製の靴、シャネルのミニスカートとジャケット、手に持っているのはチワワ。高級車のメルセデスや大きなBMWを乗り回していた。一方、典型的な若い男性像はと言えば、ノーネクタイのブリオーニのワイシャツ、スポーツ・スタイルの軽い背広、高価なベルトをした楽に座れるズボン、柔らかなトッズの靴、手には大きなフィットネス用のルイ・ヴィトンの高価なかばん。オーデコロンの良い香りもした。

イベントにも流行が現れた。金持ちのために最高級の商品を集めた展示会や見本市が開かれた。高価な車やヨット、貴金属などを集めた超豪華な「百万長者のフェア

(Millionaire Fair)」もその一つだ。シャンパンが川のように注がれ、イクラやフォアグラがふんだんに振る舞われた。いたるところで派手な服装の客たちが世界中の高価なぜいたく品を物色している。テレビのインタビューに応じた有名なフランスの宝石商は「ここはエルドラド（黄金郷）だ」とさかんに強調していた。多くの人にとって高度成長時代のロシアはまさにエルドラドだった。

爆発的な消費ブーム

高級なレストランも現れ、全世界から最高のシェフがやって来た。これらのレストランは週末だけでなく平日も満席だった。外国人のシェフの給料は自国よりも高く、彼らはロシアでの新しい仕事を誇りに思った。料理の値段は高かったが、金持ちばかりではなく、中間層の人々も数カ月に一回ぐらいは試してみようと訪れた。人々には豊かな生活への志向が現れるようになった。

大都市では本当の消費ブームが起きた。それを支えたのが銀行の消費者金融だ。手続きに必要なのはパスポートだけだった。世界中からあらゆる最新の商品がロシアに入ってきた。まさに商品が手招きをしていた。エリツィン時代にロシア市場に入ってきたのは少し古くなり、ほかの国では必要とされていない商品だった。しかし、今はすべてが変わった。ロシアには需要があり、支払い能力もあるのだ。

この時代に外国で休暇を楽しむロシア人が増え、海外旅行が大きなブームになった。特にトルコなどへの格安ツアーが人気を呼んだ。世界の観光市場もロシアの好景気を敏感に感じ、熱心にサービスした。ロシア人は気前よくチップをはずみ、たくさんの土産物を買い、レストランではいつも高い料理を注文した。観光業界にとってロシアの観光客は最もありがたい客だった。

もちろんすべての問題が解決したわけではない。汚職や腐敗はプーチン時代に急激に増えたし、誘惑も欲望も増えた。他方で貧しい人も酔っ払いも病人もいた。大げんかも殺人事件もあった。ニセのウオッカを飲んで寒さで凍死した人もいた。しかし、それらはすべてあったことだが、すでにそう多くはなかった。エリツィン時代には荒廃や貧困の中で恵まれた人はほんのわずかだったが、今は逆に恵まれた人がかなり増えてきた。

経済成長はモスクワなどの大都市だけではなく、地方の都市にも及ぶようになった。地方にも外国の資本が入り、工場やショッピングモールができた。新しい雇用が生み出され、外国の技術や専門家が入ってきて相乗効果をあげた。地方は発展し、人々は収入を得て、自信を持つようになった。

小さな町や村でも同様に生活は良くなった。まず道路が舗装された。以前はモスクワから五〇キロ離れると道路はデコボコだったが、今はそのようなことはない。多かれ少なかれアスファルトで舗装され、街灯もついている。道路沿いにはガソリンスタンドもある。また人々の給料が少し上がり、ガス管の整備などインフラも良くなった。

絶頂期のプーチン

人々は生活が安定したことで将来への自信を深め、喜んで子供を作ろうとし始めた。これは高い死亡率と低い出生率という深刻な人口問題を抱えるロシアにとっては重要なことだ。プーチンは二〇〇五年と二〇〇六年の年次教書演説で少子化対策に取り組み、出生率を上げる必要があると強調した。これをきっかけに「母親資本」というプログラムが作られた。これは二人以上の子供を産んだ母親に対して二五万ルーブルを補助するというものだ。当時の年収の約二倍に相当する非常に大きな金額で、支給された金は子供の教育や住宅の購入などに使うことができる。国家が家庭のことを心配して子供の出産に金を出す。ロシアの人々にとってこれは普通のことではない。国家が人々から取り上げるのではなく、何かを与えるというのは極めてまれなことだ。実際、プーチン以外、ロシアの歴史上誰もそうしたことは提案しなかった。

二〇〇七年七月、プーチンは二〇一四年にロシアのソチで冬季オリンピックを開催する権利を勝ち取った。人々はソ連崩壊後、混乱を極めたロシアが大国としてよみがえり、それが国際社会で認められたのだと受け止めた。プーチンの支持率は八五%に跳ね上がり、絶頂期を迎えた。そしてこの年の一二月、プーチンは自らの後継者にドミトリー・メドヴェージェフ第一副首相を指名して大統領の座を降りた。人々はプーチンが玉座にしがみつかず、いさぎよく政権を譲り渡したことを高く評価した。どの世代の人もプーチン時代よりも豊かな生活を見たことがなかった。人々はプーチンがロシアを立て直した国民的な指導者として歴史に残るだろうと考え、心から感謝した。しかし、高度成長期は長くは続かず、ロシアの情勢は人々の期待とは大きく異なる方向へ向かっていった。

高成長から低成長へ

ここからはプーチン時代後半の二〇一〇年代の低成長期の社会について見ていくことにする。二〇〇八年、メドヴェージェフが大統領に就任。プーチンは首相になり、タンデム政権がスタートした。しかし、ロシアはこの年、石油価格の下落やグルジアとの軍事衝突を経験し、さらにリーマンショックによって世界の主要国の中で最も深刻な打撃を受けた。外国の投資家はロシアから資金を引き揚げ、株価が大きく下落した。失業者も過去一〇年間で最悪の状態に達した。この結果、一〇年間右肩上がりの成長を続けてきた経済は二〇〇九年にGDPでマイナス七・八%と大きく落ち込んだ。抗議のデモや集会があちこちで開かれるようになった。

その後、二〇一〇~二〇一四年の間にはプラス成長に転じたが、二〇一五年にはGDPは六年ぶりにマイナス三・七%、二〇一六年はマイナス〇・二%と深刻な経済危機に陥った。背景には石油価格の大幅下落、ウクライナ危機をめぐる欧米による経済制裁、通貨ルーブルの下落という三重苦に見舞われたことがある。インフレ率も一〇%を超えた。人々の実質所得は大きく落ち込み、生活レベルは悪化した。この経済危機は高度経済成長を経験した人々にとってはつらいものだった。

深刻なのは石油価格が高くても経済成長につながらなくなったことだ。例えば、危機の前年の二〇一三年には一バレル=およそ一〇〇ドルの高いレベルだったが、GDPの伸びは一・三%にとどまった。これはロシア経済の高コスト体質を示すものだ。そして二〇一四年には石油価格は一バレル=四〇ドル程度にまで落ち込んだ。プーチンは経済大国として世界のトップ5に入ると公言していただけにこの経済危機は衝撃だった。

勝利をもたらす小さな戦争

二〇一二年に大統領に復帰したプーチンはこの経済危機の下で権力を強化する新たな方法を直ちに考えなければならなかった。問題は多くの石油収入が期待できないことだ。事実上、金がない。これまで政権への支持が好景気と人々の暮らしの向上に支えられていたことを考えれば、これは政治の危機でもあった。今必要なのは経済の状況に左右されず、全く新しい基礎の上に立つ政治制度だ。この制度は国内や世界でどんな経済危機が起きても持ちこたえられるものでなければならない。その結果、プーチン政権は政治制度を厳格化し、イデオロギーを強化する方向に転換することにした。高度成長時代のあと、ほかの道はすでになかった。クレムリンにとって権力を維持する唯一可能な方法はこうした方向に社会の意識を操作することだ。

プーチン政権が必要としたのは生活レベルの低下や生活上の困難などの「小さなこと」を忘れさせ、社会を動員する何か価値あるアイディアだった。つまり、「勝利をもたらす小さな戦争」のような何らかのキャンペーンだ。人々の注意をそらし、誇りや達成の感覚を呼び起こし、同時に犠牲者はあまり多くはないというものだ。その例として二〇〇八年八月のグルジアとの軍事衝突があった。さらに今何かそうした大義名分を掲げて武力を行使できる状況と場所を見つける必要があった。

二〇一四年二月、タイミング良く、ウクライナでロシア寄りのヤヌコーヴィチ政権が崩壊した。これに対して、ロシアは三月にウクライナのクリミア半島を併合した。欧米諸国から経済制裁を受けたが、ロシア国内ではクリミア併合は熱狂的に支持された。ロシアの人々はクリミアをもともとロシアのものだと考えていたからだ。背景にはソ連時代の一九五四年、フルシチョフがロシア共和国に所属していたクリミアをウクライナ共和国に移管したことがある。同じソ連の中での所属変えで、誰もその後ロシアとウクライナが別々の国になるとは思わなかったので、当時は問題とされなかった。

ロシア人の多くがクリミア併合を歓迎した背景にはもう一つの理由がある。それはソ連崩壊後人々の中にずっとある防御的な心理だ。ロシアは伝統的にかなり保守的な社会だ。それがソ連崩壊で突然大きく変わり、急激な市場経済化などで大混乱に陥った。その後、ようやく改革が実を結び、生活が良くなったが、今、再び困難に直面している。ソ連崩壊後のトラウマの記憶、困難な過去の記憶は鮮明に残っており、人々の心に外部からの圧力に対する特別な防御反応を生んだ。ウクライナ危機の際も、人々は自分が直面する状況を正当化したいと考えた。「我々は敵に囲まれ、困難な状況だ。物価も上がり、生活は苦しい。しかし、我々はクリミアをロシアに戻した。ヨーロッパの食料品はもういらない。我々にはクリミアがある」というわけだ。

プーチン政権はクリミア併合によって歴史的な正義を回復し、ウクライナのファシスト勢力からクリミアの住民を救ったと宣伝した。クリミア併合は無血で軍事衝突も犠牲者もなく行われ、プーチンの支持率は八七％に跳ね上がった。プーチンはもう経済問題を政治的危機として心配する必要はなくなった。ロシアの人々はクリミア併合を喜び、経済危機の責任をプーチンではなく、政府とロシアに制裁を科した外部の敵アメリカとEUに求めるようになったからだ。

社会契約の見直し

こうした二〇一〇年代に入って起きた一連の出来事、特に二〇一一年末から二〇一二年にかけて選挙の不正やメドヴェージェフとプーチンのポスト交換など権力の私物化に対して相次いだ大規模な反政府抗議デモ、そして二〇一四年のウクライナ危機と欧米との対立、石油価格の下落による経済危機、その結果、二〇〇〇年代の安定と高度成長の時代から一転して二〇一〇年代は低成長と危機の時代に様変わりしたこと——これらを受けてプーチンと人々との間の暗黙の社会契約も全く別の内容に変更された。

二〇〇〇年代の社会契約は、「私はあなた（社会）に安定した豊かな暮らしを保証する。その代わり、あなたは私を支持し、政治に関わってはならない」というものだった。しかし、二〇一〇年代の新たな社会契約は、「私はあなたを立ち上がらせ、超大国アメリカに挑戦する。そのため、あなたは生活水準を犠牲にしなければならない」というものになった。背景にあるのは、経済危機で生活の改善が望めないことから、ウクライナ危機などで関係が悪化しているアメリカとの対立に国民の関心をそらそうという権力側の狙いである。

人々はこの新しい社会契約を受け入れた。周りを敵に包囲されたという感覚があったのでなおさらだった。社会は一時的に大統領の周りに団結した。社会はクリミア併合のあと、しばらくの間、ロシアは偉大な国、偉大なプーチン大統領、再び立ち上がった国という幻想を植えつけられた。しかし、人々は所得の減少、失業の増大など、欧米に挑戦状をたたきつけたことへの代償を支払わねばならなかった。

テレビと冷蔵庫の戦い

こうしたロシアの人々が抱えるジレンマは「テレビと冷蔵庫の戦い」と呼ばれる。ウクライナ危機でロシアのテレビは前代未聞のプロパガンダを展開し、愛国主義やナショナリズムをあおった。しかし、欧米の制裁や石油価格の下落で経済は悪化し、家庭の冷蔵庫は空になっていく。このプロパガンダと実生活の間で引き裂かれた状況をなぞらえたのが「テレビと冷蔵庫の戦い」だ。

ウクライナ危機をきっかけに政治専門家やメディアの姿勢は大きく変わった。彼らの多くが権力側にすり寄り、まるで別人になったかのようだ。客観的な分析や事実がなくなり、感情的な評価やレトリックだけが表れるようになった。ウクライナ危機のピーク時とウクライナ東部で緊張が高まった際、ロシアのテレビはウクライナ一色になった。リポーターは「この村では男の子が十字架に磔にされた。ここでは誰かが生きたまま焼かれた」などと、人々の恐怖心や憤激をあおる多くのリポートを行った。また反欧米派のドミトリー・キセリョフやウラジーミル・ソロヴィヨフがキャスターを務めるテレビの夜のトーク・ショーもウクライナや欧米に対する対立感情をあおった。ロシア国内や世界の出来事に関するニュースはほとんどなかった。これは人々に国内の経済危機を思い出させないようにというクレムリンの目論見でもあった。それはウクライナや西側への厳しい批判とロシアへの讃辞につながるものだ。ロシアのメディアは権力側のプロパガンダの機械となっている。

高度成長期の二〇〇〇年代には社会は権力側を支持した。人々の生活は良くなり、政権を支持するのに何の説明も必要なかった。今、状況は全く違う。人々に必要なのは何のために大統領を支持する必要があるかの根拠だ。

ユーラシア主義と保守主義

危機の兆候が強まった二〇一〇年代にプーチン政権の支配的なイデオロギーとなったのがユーラシア主義と保守主義だ。ユーラシア主義とはロシアを世界の中心に置く考えだ。旧ソ連諸国だけでなく、ヨーロッパ、中国やインドなどのアジアを含むユーラシア大陸、ユーラシア文明の中心にロシアを位置づけるものだ。これは欧米諸国の大西洋主義に対立するものであり、ロシアは悪のアメリカに対抗する世界の偉大なリーダーであるというわけだ。

この理論を推進したのが極右の思想家アレクサンドル・ドゥーギンだ。彼の考えは二〇〇〇年代には極端で周辺的なものに見えたが、二〇一〇年代になると時代にかなったものになった。ドゥーギンの考えはクレムリンのスピーチライターによって目立たないように借用され、時々プーチンの演説にも現れるようになった。時代は変わった。二〇〇〇年代初めに極右の新聞に載っていた極端な主張が今や全国テレビで大統領の演説として伝えられているのだ。

そうした傾向は外交政策にも反映している。ロシアの政治エリートはヨーロッパの極右やナショナリストとひんぱんに連絡を取り合っている。世界やヨーロッパではこの数年ナショナリスティックで右派的な傾向が強まり、右派政党が躍進している。そうしたつながりからヨーロッパの政治に対してロシアの影響が増大する懸念が強まっている。

ユーラシア主義と並んで今のプーチン体制を支えるもう一つのイデオロギーが保守主義だ。これは「変化は危険だ。変化は不可避的に混乱やカラー革命につながる」と社会に絶えず思い起こさせることが狙いだ。具体的には、ロシア正教の価値観に基づく伝統やロシアの真の精神性を堅持する必要があると主張する。これはプーチンが大統領に復帰する直前に起きた一連の反政府抗議行動へのクレムリンの答えだった。クレムリンはあらゆる手段で社会を沈静化し、政権へのすべての抗議や批判を封じようとした。

二〇一二年三月、ロシア正教の総本山、モスクワの救世主ハリストス大聖堂で女性三人のパンクロックグループが反プーチンの歌を歌い、権力と教会の癒着を批判して逮捕された。欧米のミュージシャンなどが支援を表明したが、ロシアの保守派や正教の信者から厳しい批判を受け、メンバーに禁固二年の実刑判決が言い渡された。事件を受けて、「信者の感情を侮辱する法律」が採択されたが、何が感情の侮辱にあたるのか、拡大解釈が懸念されている。

プーチン政権は人々に「ロシアは西側や国内の敵に取り囲まれている要塞だ」という強迫観念を植えつけようとしている。国内の敵の反プーチンの野党は力を強めようとしている、ロシアを弱体化させたい西側が彼らに資金を提供している。こうした口実のもと、外部の敵に対して社会は動員され、指導者の周りに団結していく。人々の注意は外に向けられ、経済的な困難や生活レベルの低下、汚職の横行は見過ごされるようになるというわけだ。

強まる芸術への統制

愛国主義や欧米への反発の増大は、文化や芸術への統制の強化にもつながっている。映画界では欧米で絶賛されたロシアの映画が国内で厳しい批判を受けている。例えば、ロシアの著名な映画監督アンドレイ・ズヴャギンツェフの作品『リヴァイアサン（邦題　裁かれるは善人のみ）』がそうだ。

映画の舞台はロシア北部の小さな町で、プーチン政権下の地方の腐敗した現状がリアルに描かれている。強欲な市長が町の再開発のため警察や裁判所と結託して住民の土地を強引に取り上げるという内容だ。市長の執務室にはプーチンの肖像画が掲げられ、住民らがウオッカを浴びるように飲むすさんだシーンが何度も出てくる。

この映画は二〇一四年にロシア映画としてはソ連時代の『戦争と平和』以来およそ半世紀ぶりにゴールデングローブ賞の最優秀外国語映画賞を受賞するなど欧米で高い評価を受けた。しかし、これとは全く対照的に、ロシアでは腐敗した社会の実態を描いた内容が国を侮辱するものだと極めて批判的に受け止められた。特に保守派やロシア正教会は「作品は欧米に迎合し、ロシアをおとしめるものだ」と強く反発した。

この問題についてロシアの世論調査機関レヴァダセンターのレフ・グドコフ所長は、「ロシアでは芸術の分野でもコントロールが強まっている。それはソ連時代の全体主義への逆戻りか、それに似たようなプロセスだ」と述べ、プーチン政権による統制が政治経済から教育や文化などあらゆる分野に広がっていると指摘した。ロシアは今、愛国主義一辺倒で、政権や社会を批判するものは裏切り者扱いされている。

シリアでの軍事作戦

二〇一五年、クリミア併合の効果が薄れ始め、クレムリンには新しい「勝利をもたらす小さな戦争」が早期に必要となった。今度は中東シリアでの軍事作戦だった。これは一九七九年のアフガニスタン侵攻以来、初めての海外への本格的な軍事介入だった。プーチンはＩＳ（イスラミック・ステート）に対抗する国際的な反テロ連合を創設すべきだと主張した。ロシアの軍事アナリストによると、戦略の狙いは三つある。ウクライナからシリアに国際社会の注意をそらすこと、中東でロシアの影響力を強めること、国内でプーチンの支持率を上げることだ。タイミング的には、ヨーロッパに大勢の難民が押し寄せ、アメリカ主導の有志連合の空爆が成果をあげていない、そうした中で、ウクライナ問題の行き詰まりを打開しようと、守りから攻めの姿勢に転じたと見られている。

ロシアの提案はアラブ諸国やシリアのアサド政権、イランなども入れて、幅広い反テロ連合を作り、国際社会が一致して対処しようというものだ。その狙いはアサド政権を存続させ、中東で唯一の勢力圏を守ることにある。同時に反テロ連合の結成で米ロ協調の新たな国際秩序を作り、その中でウクライナ問題を解決しようという思惑もある。

ロシアの体制を守ることもシリアでの作戦の重要な狙いだ。プーチンには国民に見せるための新しいアイディアが必要だった。それは「ロシアは今プーチンの指導の下、アメリカに代わって国際テロと戦う世界のリーダーになった」ということだ。ロシアにとってシリアでの軍事作戦がうまくいったかどうかは重要ではない。シリアでの作戦は二〇一八年のロシア大統領選挙を前に有権者を動員することに一定の役割を果たした。政権寄りのテレビは作戦の成果を大々的に伝え、偉大なロシアこそが国際テロから世界を救うことができるという印象を社会に与えた。これは今の政治制度を維持するためにクレムリンが必要としている世界の構図だ。

しかし、新しいアイディアも時が経てば古びる。社会では再び緊張が高まり始めた。原因は経済状態や生活のレベルを改善する希望がすでに地平線上にはないということだ。人々の生活は質素になり、冷蔵庫は隙間が大きくなってきた。しかし、まだ全くの空ではない。順調な生活の名残はまだある。それは長く続くだろうか。

問題はプーチンだけではない

二〇一〇年代——繁栄に陰りが見えた低成長の時代。経済は成長をやめ、低迷と危機の兆候が始まった。二〇一一年の反政府集会はロシアにはまだ政権に抗議して立ち上がる人々がいることを示した。豊かさが失われ、政権を代える時期ではないかと人々は考え始めた。権力側にとっての環境もまた変わった。体制を維持する新しい戦略が必要になった。政権を支持する客観的で合理的な理由がないにもかかわらず、人々がプーチンを支持するようにする必要があった。

この時期には「偉大なプーチンと偉大なロシア」の幻想を作り出すアイディアやキャンペーンを絶えず探すことが求められた。なぜならクリミア併合やシリアでの軍事作戦の成果がどんなに目覚ましくても、いずれも一時的なものであり、社会的な関心を引き付ける新しい話が求められるからだ。問題はこの非合理的なプーチンの支持をどれだけ引き延ばすことができるのかだ。

ロシアでは一九八〇年代末から一九九〇年代にかけて長く不安定と動揺の時代が続いた。改革ペレストロイカの失敗、ソ連の崩壊、経済危機や日常生活の困難、絶え間ない変化、社会秩序の喪失、ショック療法の連続、イデオロギーや理想の消失。これらは社会に大きな劣等感の塊を作りだした。

しかし、二〇〇〇年代のプーチン時代に入り、ロシア人は安定や石油価格の高騰に支えられた経済成長に大喜びした。もし一九八〇年代の末や一九九〇年代に振り子が屈辱や自分の力への不信、理想や幻想の崩壊の方向に激しく振れたとすれば、二〇〇〇年代に別の方向に向かおうとするのは当然のことだ。偉大さ、理想、力、富、自分を信じること。つまり、一九九〇年代の初めにロシア社会はつまずいたとすれば、二〇〇〇年代には自分の足で立とうとしたということだ。

この過程で愛国主義が高まっている。自分の国を尊敬し、誇りに思う感情はどの社会でも正常なものだ。その中でロシア正教の人気が高まっていることも当然と言える。権力が体制を強化するためロシア正教会を利用し、人々の宗教的な感情を操作しているとはいってもだ。また、かつてロシアのものがすべて懐疑の目で見られ否定され、外国への観光ブームが起きたが、今後はロシア国内のもの、ロシア製のものへの関心が目覚めることになるだろう。

ロシアで今見られるすべてのプロセスにはそれなりの理由がある。社会は振り子の揺れを通じて精神的な均衡を見出している。そしてこの揺れは権力側の操作だけではなく、ここまでの歴史的な発展のすべての論理によっても条件づけられている。つまり、問題はプーチンだけにあるのではないのである。

第六章 ——テロの脅威

長期政権を誇るプーチン大統領の最大のアキレス腱の一つは相次ぐテロの問題だ。ロシアではソ連崩壊後の一九九〇年代末、第二次チェチェン戦争をきっかけにプーチンが大統領の座に駆け上がった頃からイスラム過激派によるテロ事件が頻繁に起きるようになった。中でもモスクワの劇場占拠事件や北オセチアの学校占拠事件は市民に大勢の犠牲者が出るなど衝撃的なものだった。これに対してプーチン大統領はテロ対策を総合的に行う新たな組織を創設し、テロを力で抑え込もうとしている。同時に過激派の温床となっているチェチェン共和国では親ロシア派の指導者をすえ、強権政治によってテロの沈静化を図っている。

一方、プーチンはアメリカの同時多発テロ事件をきっかけに、アメリカ軍の中央アジアへの駐留を容認するなど、アメリカのテロとの戦いに全面協力した。しかし、アメリカがその見返りを与えず、アメリカがロシアの反対を押し切ってイラク戦争に踏み切ったことなどから米ロの対テロ協力は頓挫した。今、課題となっているのは、イスラム過激派組織ＩＳ（イスラミック・ステート）をめぐるシリアでのテロとの戦いへの協力だ。米ロ関係は悪化しているが、テロとの戦いではシリア上空での戦闘機の衝突を回避することで合意するなど米ロの協力は続いている。

ロシア国内では最近もサンクトペテルブルグで地下鉄の爆破テロが起きるなど、テロの脅威は続いている。今後、ＩＳに参加していた戦闘員がロシアに戻って大規模なテロ事件を引き起こすことが懸念されている。この章ではテロの問題についてソ連崩壊時からの流れを振り返りながら、ロシアにおけるテロの脅威とプーチン政権が国内や国際的にどのように取り組んできたのかを分析する。

分離独立を目指すチェチェン

ロシアで数々のテロ事件を引き起こしてきたのがチェチェンの武装勢力である。そのチェチェンとは黒海とカスピ海にはさまれたロシア南部の北カフカス（コーカサス）地方にある共和国だ。連邦国家のロシアは八五の連邦構成主体（地方自治体）からなっており、チェチェン共和国はそのうち二二ある連邦内共和国の一つだ。人口は一四〇万人、イスラム系のチェチェン人が圧倒的多数を占め、中心都市はグローズヌイだ。ロシアの地方ではプーチン時代になって中央からの統制が強まり、チェチェンではプーチンの後ろ盾を得たラムザン・カディロフ首長による強権政治が続いている。チェチェン共和国は山岳地帯にあり、南部の大カフカス山脈には標高二〇〇〇〜四〇〇〇メートル級の山々が連なっている。また旧ソ連のジョージア（グルジア）と国境を接している。石油の産地で、パイプラインが通り、石油やガスの供給中継基地としても重要なところだ。

歴史的に見ると、チェチェン人らカフカスの諸民族は一八〜一九世紀にかけてカフカスを征服・併合しようと南下してきたロシア帝国に抵抗し、激しい戦闘を繰り広げてきた。特に熾烈で長期にわたったのが一八一七年から六四年にかけてのカフカス戦争だった。しかし、一八五九年に北カフカスの山岳民族の指導者シャミーリが捕まったことからロシア帝国に併合された。その後、ソ連邦の中でチェチェン・イングーシ自治共和国となった。

第二次世界大戦中の一九四四年、チェチェン人らはスターリンによって民族的な迫害を受けた。ナチスドイツに協力したとしてチェチェン人とイングーシ人およそ五〇万人が民族丸ごと中央アジアのカザフスタンやシベリアへ強制移住させられたのだ。のべ一万四〇〇〇両の貨車に詰め込まれ、長い移送の途中や移住先の荒野で多くが死亡した。彼らは一九五七年にフルシチョフによって名誉回復され、帰還を許され、自治共和国も復活した。しかし、ロシア人に対する強い憎しみや恨みが残り、強制移住についての記憶は後の世代に引き継がれた。

一九九一年八月、モスクワでクーデター未遂事件が起きると、チェチェン・イングーシ共和国では分離独立の動きが強まった。背景には社会経済状況の悪化があった。工場の生産はストップし、学校も病院も閉鎖され、住民の七〇％以上が失業者となった。一〇月、チェチェン・イングーシ共和国で大統領選挙が行われ、チェチェン人で軍人のジョハール・ドゥダーエフが圧勝した。ドゥダーエフは翌一一月、ただちに共和国の独立を宣言した。これに対し、ロシアの議会は選挙を無効とし、エリツィンはチェチェンに非常事態を宣言する大統領令を出した。現地に特殊部隊が送り込まれたが、チェチェン側は抵抗し、結局、武力衝突は回避され、非常事態宣言は解除された。

一二月、チェチェン・イングーシ共和国は二つに分離され、このうちチェチェン共和国は一九九二年三月のロシアとの連邦条約の調印を拒否し、あくまで独立を目指す姿勢を示した。一九九三年以降は共和国内部でドゥダーエフ大統領派とドゥダーエフ政権の打倒を求める親ロシア派などの反対勢力が武装闘争を繰り広げ、共和国は分裂状態に陥った。

そのチェチェン共和国は当時、武器や麻薬、石油製品の違法な取引などさまざまな犯罪の温床となっていた。ロシア領から入ってきた列車はしばしば強盗に襲われ、大量のドルなどのニセ札がチェチェンを通じてロシア領内に入ってきた。またチェチェンはロシア領内で追われ、逃げ込んでくる犯罪者たちの隠れ場所となった。ここでは誘拐や人身売買でさえ珍しいことではなかった。その背景には強力なチェチェン・マフィアの存在がある。彼らはソ連末期にヤミの世界で暗躍していたが、ペレストロイカの過程で表に出てきて、ロシアのマフィアと激しく対立するようになった。彼らはチェチェンでとれる石油の売買を手掛けており、同じくチェチェンの石油に目をつけたドゥダーエフ大統領が彼らを共和国の政府内に登用したことでマフィアの勢力拡大を招き、無法状態が広がったと見られている。

第一次チェチェン戦争

一九九四年一二月、エリツィン大統領はチェチェン共和国の独立を阻止するため、四万人のロシア軍部隊をチェチェンに侵攻させた。第一次チェチェン戦争の始まりだった。

パーヴェル・グラチョフ国防相は「わずか一つの空挺部隊で二〜三時間のうちにチェチェンの分離主義者をねじふせてみせる」と豪語したが、明らかにチェチェン側を甘く見ていた。翌一九九五年三月、中心都市グローズヌイがロシア軍に制圧されたが、チェチェン側は激しく抵抗し、戦闘は泥沼化の一途をたどった。

経済が混乱する中、ロシア軍は弱く、士気も低く、軍備も全くなっていなかった。チェチェンで戦ったのは経験のない地方の若者だった。少し前に学校を終えたばかりの多くの若者が戦死し、両親は変わり果てた息子の遺体を前に泣き崩れた。民間のNTV(独立テレビ)はロシア政府の発表とは異なり、ロシア軍は苦戦し、ロシア軍にも大勢の犠牲者が出ていると、連日現地から克明に伝えた。

前述の通り、このチェチェン戦争に加えて、市場経済化によって社会が混乱したこと、この二つがエリツィン政権を窮地に追い込み、共産党の台頭をもたらした。しかし、一九九六年の大統領選挙では決選投票にもつれ込んだものの、エリツィンが共産党の候補を破り、かろうじて再選を果たした。この直後の一九九六年八月、第一次チェチェン戦争の停戦合意がようやく成立し、チェチェンの独立問題については五年間、協議を先送りすることになった。一年八カ月にわたった第一次チェチェン戦争の犠牲者はロシア側とチェチェン側合わせて八〜一〇万人に上ったと見られている。

第二次チェチェン戦争の開始

停戦合意から三年後の一九九九年、第二次チェチェン戦争が始まった。そのきっかけは八月七日、チェチェンの武装勢力およそ一〇〇〇人が隣のダゲスタン共和国に突然軍事侵攻したことだった。武装勢力はチェチェンを拠点に北カフカス一帯にイスラム国家を樹立しようとしていて、ダゲスタンへの侵攻はその一環だった。

武装勢力を率いていたのはチェチェン人の野戦司令官シャミーリ・バサーエフとアラブ人のアミール・ハッタープだった。バサーエフは一九九一年八月のクーデター未遂事件の際、エリツィン側に立って最高会議ビルの防衛に参加した人物である。このあと、チェチェンのドゥダーエフ大統領の指揮の下で共和国の独立を目指して第一次チェチェン戦争を戦った。バサーエフは二〇〇〇年代に入ると、モスクワ劇場占拠事件など大きなテロを引き起こすことになる。またヨルダン出身のハッタープは国際テロ組織アルカイダとつながりのある国際テロリストで、アフガニスタンからチェチェンに送り込まれたと見られている。

前回の第一次チェチェン戦争はもっぱらロシアからの分離独立を目指したものだった。しかし、今回、武装勢力の狙いは異なっていた。彼らが目指したのはロシア南部の国境地帯を不安定化し、カスピ海から黒海に至るカフカス地方にイスラムの独立国家を樹立することだった。こうしたチェチェンの武装勢力の質の変化はイスラム過激派の国際的な勢力拡大と連動している。第一次チェチェン戦争が終わった一九九六年、アフガニスタンではイスラム原理主義のタリバンが全土を実効支配した。そこに国際テロ組織のアルカイダが拠点を移すという動きがあった。アルカイダはその後、世界的にテロ攻撃を活発化し、一九九六年にはサウジアラビアのアメリカ軍基地を爆破、九八年にはケニアとタンザニアにあるアメリカ軍基地を爆破するなどテロ攻撃を強めていた。チェチェンに世界のイスラム過激派が集結し始めたのはこの頃で、アフガニスタンやアフリカ、アラビア半島などからイスラム過激派やアラブの傭兵部隊が続々とやってきた。

これに対して、首相に就任したばかりのプーチンはダゲスタンに侵攻した武装勢力を掃討するため、ロシア軍に大規模な攻撃開始を命じた。今回、ロシア軍が相手にしたのはチェチェンの武装勢力だけではなく、傭兵やアルカイダと関係のあるグループだった。つまり、これは国際テロとの戦いだったのだ。ところで、武装勢力が侵攻する中、ダゲスタンの住民は武装勢力の側にはつかなかった。彼らは以前はチェチェンに同情し、独立を目指すことに理解を示していた。しかし、今回は前回とは戦いの性格が違うと認識し、イスラム国家を樹立し、チェチェンがその中心になるという考え方に反対した。プーチンは当時、ダゲスタンの住民に対し、彼らが連邦政府に忠実だったことに感謝した。

相次ぐ爆破テロ

ロシア軍の攻撃が続く中、モスクワなど各地で高層アパートが爆破されるなど大規模なテロが相次いだ。プーチンは一連の爆破テロはチェチェンの武装勢力の仕業だと断定した。かつてない連続的なテロにロシア全土で人々の間に動揺や恐怖が広がった。人々は精神的なストレスを抱え、怖くて夜も眠れなかった。一方で民族問題が先鋭化した。カフカス出身者は各地で不信の目で見られ、差別的な扱いを受けた。彼らはテロリストではないか、テロリストをかくまっているのではないかと疑われたのだ。

一方、ロシア軍が侵攻したチェチェン共和国では軍人たちが住民を乱暴に扱い、何の罪もない住民が暴力を受けてけがをした。住民にとって武装勢力の主張するイスラム過激主義はチェチェンの習慣や伝統にかなうものではなく受け入れられなかった。しかし、ロシア軍の攻撃や暴力に反発した住民は時にはテロリストに味方し、自らテロを実行した。二〇〇〇年六月にはチェチェンで一七歳の少年と一六歳の少女が乗った爆発物を積んだトラックがロシア軍の検問所に突っ込んで自爆し、大勢の軍人が死亡した。これがチェチェンで最初の自爆テロで、これをきっかけに自爆テロが多用されるようになった。この中には女性も少なくなく、群衆の中で自分の体に巻き付けた爆弾を爆発させた。この女性達は「黒い未亡人」と呼ばれ、ロシア軍に家族や親戚、愛する人を殺され、ロシア人に復讐しようとしたのだ。

中央アジアに広がるテロの脅威

このようにソ連崩壊後、ロシアでは主にチェチェン戦争やチェチェンの武装勢力によるテロ事件との関連でイスラム過激派やテロの脅威が認識されるようになった。一方、中央アジアでもソ連崩壊後、トルコやイランの影響力が強まり、イスラムが復興した。中央アジア諸国はカザフスタンやウズベキスタンなど五つの国からなっていて、いずれもイスラム教徒が多数を占めている。ソ連時代は無神論の共産主義の宣伝が行われ、モスクは一部を除いて閉鎖されるなどイスラム教は制限されていた。しかし、ソ連崩壊後、宗教への制限は緩められ、モスクやイスラム学校が相次いで建設され、人々はモスクでの礼拝やイスラムの祭日の儀式に参加するようになった。

こうしたイスラムの復興とともにイスラム過激派も急速に台頭した。特にウズベキスタンではイスラム武装組織「ウズベキスタン・イスラム運動」が活発に活動するようになった。この武装組織は一九九八年ごろ、ウズベキスタン人のタヒル・ユルダシェフとジュマ・ナマンガニによって設立された。ユルダシェフがその政治部門を、旧ソ連軍出身のナマンガニが軍事部門をそれぞれ率いた。彼らはウズベキスタンのカリモフ政権の打倒とイスラム法に基づくイスラム国家の樹立を目標に掲げた。ウズベキスタン・イスラム運動は一九九九年二月、首都タシケントの政府庁舎付近などで連続爆弾テロ事件を起こした。これはイスラム・カリモフ大統領の暗殺を狙ったテロと見られている。また一九九九年八月には隣のキルギスで鉱物資源の探査を行っていた四人の日本人技師を誘拐する事件を起こした。この事件によって日本でも中央アジアのイスラム過激派の活動が広く知られるようになった。

北海道大学の宇山智彦教授によると、中央アジアで過激派に参加する若者は決して多いわけではないが、人口の増加や市場経済への移行、家族関係の変化の中で生きる意味を探し求めるうちに過激派に傾倒してしまう若者が一部にいるという。またインターネットの発達や、ロシアの経済成長で中央アジアからロシアへの出稼ぎ労働者が急激に増え、従来の地域社会での生活よりも多様な情報に触れられるようになったことも重要だ。貧しい人や失業者が過激派が提供する多額の報酬に引きつけられてしまう場合もある。

しかし、一般の市民の大多数は過激派を嫌っており、厳罰を求める声も多くあるという。

同時多発テロの衝撃

こうした中、二〇〇一年九月一一日にアメリカで同時多発テロ事件が起きた。実はロシアはテロの予兆を感じ取っていた。同時多発テロ二日前の九月九日、アフガニスタン北部でタリバンに対抗していた北部同盟のカリスマ的指導者アフマド・シャー・マスード司令官が暗殺されたのである。ジャーナリストを装ったアルカイダのメンバーとみられる二人の男がインタビューの最中にカメラに仕掛けた爆弾を爆発させた。プーチン大統領はこの事件を不吉な前兆ととらえ、アメリカのブッシュ大統領に直ちに電話をしてイスラム武装勢力のテロに警戒するよう伝えた。プーチンは当時アメリカABCテレビとのインタビューで、「我々はアメリカなどでのテロの脅威の可能性について語ってきたが、具体的に誰がどこで攻撃を行う可能性があるのかについては言明できなかった。ロシアの情報機関が、着々と準備されつつあった攻撃情報をタイミングよく入手できなかったのは残念だ」と述べ、ロシアがアメリカへのテロ攻撃の可能性を警告しながら、阻止できなかったことに罪の意識を感じたことを明らかにした。またロシア上院の国際問題委員会議長だったミハイル・マルゲーロフも当時、私とのインタビューで、「マスードに対するテロ事件があったことで、我々は何か恐ろしいことが起きるのではないかと感じていた。大勢のイスラム原理主義者たちがアフガニスタンや中央アジアの国境を越えて、ロシアに押し寄せてくるのではないかという予感がした」と述べ、ロシアの指導部がマスード暗殺を一連の事件の始まりだったととらえていたことを明らかにした。そしてその二日後、同時多発テロが起き、プーチンは二度目の電話でブッシュにテロとの戦いへの協力を伝えた。

同時多発テロに関連してプーチンが目指したことの一つがロシアのチェチェン政策への欧米の理解と支持を取りつけることだった。当時欧米諸国はロシア軍のチェチェン侵攻でチェチェンの市民に大勢の犠牲者が出ていることを重大な人権侵害だと強く非難していた。こうした中で、プーチンはアメリカのテロとの戦いに全面協力を打ち出すとともに、チェチェン側に対して国際テロ組織との関係を断ち切り、交渉で問題を解決するよう呼びかけた。これを受けて欧米諸国はロシアへの見方を変え始めた。ドイツのシュレーダー首相は「国際社会は最近の状況にかんがみてチェチェンの状況への評価を見直すべきだ」と指摘した。アメリカのブッシュ大統領もこれまでのロシアへの批判を一変させ、「チェチェンにはアルカイダにつながっているテロリストがいる。彼らを裁きの場に引きずり出さねばならない」と述べた。プーチンはこれをもってチェチェン政策が正当なテロとの戦いであるというロシアの主張が世界から理解されたという認識を示した。しかし、チェチェン側との政治解決をめぐる協議は決裂し、プーチン政権は一時中断していたチェチェンへの大規模な攻勢を再開していった。

プーチン政権によるテロの政治利用についてはすでに取り上げたが、同時多発テロ事件についても同じようなことが言える。プーチンは、一九九九年、同時多発テロの二年も前にロシアは第二次チェチェン戦争という形で同じ国際テロの脅威を体験したとして国際テロとの戦いの必要性を強調した。安全を守るためには厳しい措置が必要だと人々を説得するのは容易なことだった。国際テロの脅威の存在そのものが政権側に必要な法律の採択、自由の制限、個人的な権力の強化を可能にした。またテロとの戦いの中で、社会を一定の緊張状態に、しかしコントロールできる緊張状態に維持するためにテレビなどのメディアも一定の役割を果たした。

頻発する大規模テロ

同時多発テロ事件のあと、事件の首謀者で国際テロ組織アルカイダの指導者オサマ・

ビン・ラディンをかくまっていたアフガニスタンにアメリカ軍が侵攻するなど世界が国際テロの問題で大きく揺れる中、ロシア国内でも大規模なテロ事件が相次いだ。その中でも特に犠牲者が多く社会に衝撃を与えたのが、二〇〇二年一〇月のモスクワの劇場占拠事件と二〇〇四年九月の北オセチアの学校占拠事件である。劇場占拠事件はアメリカの同時多発テロの記憶がまだ残る中、首都モスクワで内外のメディアが見守る中で起きた。事件は銃や爆発物を持った数十人のチェチェンの武装勢力がミュージカルを上演中の劇場に押し入り、観客や俳優などおよそ八〇〇人を人質に取って、チェチェンからのロシア軍の撤退を求めたものだ。事件発生から三日後に特殊部隊が劇場内に強行突入し、武装勢力を射殺し、大勢の人質を解放した。しかし、犠牲者は一二九人に上り、その多くが突入の際に使用した強力な麻酔性のガスのため死亡するという悲劇的な結果となった。人々の心には恐怖の種がまかれ、彼らは劇場やサーカス、娯楽施設に行くのを怖がるようになった。

もう一つの事件はチェチェン共和国の隣の北オセチア共和国ベスラン市で起きたものだ。およそ三〇人の武装勢力が中等学校に侵入し、子供とその保護者一一八一人を人質に取り、立てこもった。学校はこの日、入学式で大勢の子どもと保護者がいた。チェチェン武装勢力は指導者のバサーエフが犯行声明を出し、ロシア軍のチェチェンからの撤

北オセチア学校占拠事件で解放され逃げる人質の少年(2004年9月3日)[写真:ロイター／アフロ]

退などを要求した。事件発生から二日後、武装勢力と治安部隊との間で銃撃戦となった。治安部隊が建物を制圧したが、三八六人以上が死亡(うち一八六人が子供)、負傷者七〇〇人以上という大惨事となった。事件は全国の子供や保護者の間にパニックや恐怖を引き起こした。ロシアでは事件のあと、どの学校にも入口でのチェック態勢や緊急時に警官や警備員を呼び出す特別のスイッチが導入されるようになった。

この学校占拠事件が起きた二〇〇四年は大規模なテロが集中的に起きた異常な年だった。この年プーチン大統領が再選を果たしたが、二月にはモスクワの地下鉄が爆破され、五月にはチェチェン共和国のアフマド・カディロフ大統領が爆弾テロで暗殺された。さらに八月には二機の旅客機がほぼ同時に爆破され、モスクワの鉄道の駅でも爆弾テロが起きた。そしてとどめを刺すように起きたのがこの学校占拠事件だった。

テロ事件が続発したことで、権力を強化しながら全くテロを防げず、効果的な対応もできない治安機関に対して、人々の批判や不満が高まった。これに対して、プーチンは学校占拠事件の直後にテロを阻止するため、地方の首長を大統領の任命制にして中央集権体制を強化するとともに、テロ対策を総合的に行う新たな組織を作る方針を示した。プーチンの直接の指示によって、二〇〇六年二月にさまざまな省庁による反テロ活動を調整する新たな機関として国家反テロ委員会が創設され、三月に新たな反テロ法が制定された。この国家反テロ委員会の創設と反テロ法の制定に共通するのはFSB（連邦保安庁）の権限の大幅な強化である。法案の説明文書には反テロ法の作成に中心的な役割を果たしたのはFSBだった。実際、反テロ作戦を主導するのはFSBであり、内務省はFSBの指揮下でのみ作戦に参加するとされている。また国家反テロ委員会の議長はFSBの長官が務めることになり、ロシア下院の安全保障関係の議員らは当時、ロシアの新聞に対して、「これはFSBの権力を大幅に強化するもので、FSBは国家の中の国家になった」と指摘している。このようにプーチンは反テロ作戦を強化するにあたってFSBに中心的な役割を与えることを決定した。一方、反テロ法ではテロとの戦いの際の軍の武力行使も規定し、航空機がハイジャックされた場合、軍が撃墜することがありうるとしている。

チェチェン化政策

こうしてプーチンは総合的にテロに対処する体制を作るとともに、「チェチェンはチェチェン人に統治させる」という新たな政策をとることにした。これはチェチェン化政策と呼ばれ、親ロシア派の人物をチェチェンの指導者にすえて現地の状況をコントロールさせ、チェチェンをロシア連邦内の共和国にとどめようとするものだ。この政策に沿って、二〇〇三年一〇月、チェチェン共和国で大統領選挙が行われ、プーチン政権の後ろ盾を得たアフマド・カディロフが当選した。カディロフはチェチェンの主要なムフティ（イスラム法学者）で、以前は分離主義の支持者だった。しかし、当選からわずか七カ月後の二〇〇四年五月、カディロフは対独戦勝記念日のパレードの最中に爆弾テロで暗殺された。

その後、二〇〇七年三月の大統領選挙で故カディロフ大統領の長男のラムザンが大統領に就任した。ラムザン・カディロフは自らの親衛隊による強権政治を敷き、武装勢力を抑え込み、情勢は安定化に向かった。二〇〇九年四月、国家反テロ委員会は一〇年間にわたった第二次チェチェン戦争（反テロ作戦）は終結したと宣言した。二度の戦争で大きく破壊された中心都市グローズヌイはその後、中央政府から莫大な資金がつぎ込まれて急速にインフラ整備が進み、礼拝所が次々に作られるなどイスラム文化の復興が目覚しい。しかし、武装勢力の多くはダゲスタンなど北カフカスの周辺地域に移動し、テロ活動は依然として続いている。

厳戒下でのソチ・オリンピック

二〇一四年二月、ロシア南部の保養地ソチでロシアにとって初めての冬季オリンピックが厳戒態勢の下、行われた。ソチは北カフカス地方に属するクラスノダール地方の保養地で、チェチェン共和国からそれほど遠くはない。イスラム武装勢力はこのオリンピックを「一九世紀にロシア軍と戦ったイスラム教徒たちの墓の上で開催される」ものだとして、大会を妨害すると脅していた。攻撃を予告したのはチェチェンの武装勢力の指導者ドク・ウマロフで、二〇〇七年一〇月に北カフカスの広範囲を領土とする「カフカス首長国」の創設を宣言し、自身はアミール（首長）を名乗っていた。彼らは第二次チェチェン戦争終結後も、二〇〇九年のモスクワ・サンクトペテルブルグ間の列車の爆破テロや二〇一〇年のモスクワ地下鉄爆破テロ、二〇一一年のモスクワのドモジェドヴォ空港爆破テロについてそれぞれ犯行声明を出している。

ソチ・オリンピックでは幸いテロは起きなかった。しかし、その二カ月前の二〇一三年一二月、ソチから北東に七〇〇キロのヴォルゴグラードで鉄道駅が自爆テロで爆破され、少なくとも一六人が死亡した。武装勢力側の発表によると、ウマロフは二〇一四年三月に死亡したとされている。

サンクトペテルブルグの地下鉄爆破テロ

ロシアの大都市では二〇一一年のモスクワ・ドモジェドヴォ空港の爆破テロ以降はしばらく大きなテロ事件がなかった。それだけに二〇一七年四月三日にロシア第二の都市サンクトペテルブルグで起きた地下鉄の爆破テロは社会に大きな衝撃を与えた。事件は市中心部のセンナヤ広場駅から技術大学駅に向かう地下鉄の車内で男が自爆テロを行い、一四人が死亡、およそ五〇人がけがをしたものだ。興味深いのは大統領選挙が近づきつつあり、経済危機で人々の生活が苦しくなり、権力への不満が高まっている中で事件が起きたことだ。自爆テロを行ったのはサンクトペテルブルグに住んでいたキルギス系ロシア人の二二歳の男で、イスラム過激派との関係が疑われている。プーチン大統領はこの時、メディア・フォーラム出席とベラルーシの大統領との会談のためサンクトペテルブルグに滞在していた。プーチンは事件について「テロをめぐる状況は改善していない。旧ソ連諸国のどの国もテロ攻撃の標的になりうる」と治安に懸念を表明した。

シリアでの軍事作戦

一九九〇年代から二〇〇〇年代にかけて国際テロを主導したのは二〇〇一年にアメリカで同時多発テロ事件を起こした国際テロ組織アルカイダだ。その指導者オサマ・ビン・ラディンは二〇一一年五月、潜伏先のパキスタンでアメリカの特殊部隊によって殺害された。これに対して、二〇一〇年代に国際テロを主導しているのは過激派組織IS（イスラミック・ステート）だ。アルカイダとISはともにイスラム教スンニ派でアメリカを敵とする国際的なテロ組織だ。しかし、アルカイダが世界中のイスラム過激派組織と緩やかに連携する明確な組織を持たない国際的なネットワークであるのに対して、ISは二〇一四年六月にイラクとシリアにまたがる地域にイスラム国家の樹立を宣言した点に大きな違いがある。ＩＳは二〇一五年一一月にパリ中心部の劇場など六カ所で同時テロを行うなどヨーロッパの各地で大規模なテロ攻撃を行い、国際的に大きな脅威となっている。

このＩＳに対して、ロシアは二〇一五年九月、シリアの拠点への空爆を開始し、ＩＳとの戦いに加わった。ロシアは国際テロとの戦いという旗を掲げ、ＩＳに反対する反テロ連合の結成を呼びかけている。

ロシアにとってシリアでの軍事作戦はこれまでの一線を踏み越えるものだ。プーチンはそれまでアメリカの他国への軍事介入を批判していたが、ロシアも初めて軍事力を使って他国の領土に介入した。法律家であるプーチンはシリアの合法的なアサド政権の要請に基づいてロシアはシリアで合法的に軍事作戦を行っていると主張した。しかしこれには、ロシアはアメリカに並ぶ大国であり、実行力があり、自分の主張を持ち、軍事力を使って世界の秩序を維持できるということを国際社会に誇示する思惑がある。

ＩＳの報復の懸念

ロシアがシリアで軍事作戦を行っていることに対し、ＩＳはロシアへの報復を宣言した。二〇一五年一〇月、ＩＳの報道官は全世界のイスラム教徒に対してロシアとアメリカに対してジハード（聖戦）を開始するよう呼びかける音声声明を発表した。また二〇一六年七月には映像声明を出し、「プーチンよ、聞いているか。我々はロシアに行く。お前たちを殺害する」と警告し、ロシアでジハードを行うようイスラムの戦闘員に呼びかけた。これに先立って、ＩＳは二〇一五年六月にチェチェン共和国を含むロシアの北カフカス地方をＩＳの州と宣言している。このようにＩＳがロシアへの報復を呼びかける中で、二〇一五年一〇月、エジプト・シナイ半島の上空でロシアの旅客機が爆破テロで墜落した。事件にはＩＳに関連する組織が関与したと見られている。

いまロシアや中央アジア諸国で最も懸念されていることは、ＩＳに戦闘員として参加した若者らが帰国して大規模なテロを引き起こすことだ。プーチン大統領は二〇一七年四月、ロシアのテレビとの会見で、シリアではおよそ二万人の外国人が戦闘員として戦っており、このうちロシアを含む旧ソ連諸国からは九〇〇〇人から一万人が参加しているとの見方を示した。このうちの半分近くがロシアからで、中央アジアからはおよそ五〇〇〇人が参加していると見られるという。プーチンは「脅威は大きく現実的だ」と指摘し、脅威を最小限にするために対策を強化していると説明した。

一方、中央アジアに隣接するアフガニスタンでも治安が急速に悪化している。二〇一四年末にアメリカなどの国際部隊の大半が撤退したあと、イスラム原理主義のタリバンが攻撃を強めたのに加え、ＩＳが活動を活発化し始めた。タリバンからＩＳに鞍替えする者も相次いでいる。こうした中、早期撤退を主張していたアメリカのトランプ大統領は二〇一七年八月、性急な軍の撤退は力の空白を生むとして、一転して今後も軍を駐留させることを決定した。現地のアメリカ軍はこれまでの一万一〇〇〇人に加えて三〇〇〇人以上が増派される見通しだ。

テロとの戦いへの米ロ協力

ではテロとの戦いをめぐる米ロの協力はどうなっているのか？　アメリカでの同時多発テロの際、ロシアはアメリカのテロとの戦いに全面協力した。アフガニスタンへの報復攻撃のため、アメリカ軍がロシアの裏庭の中央アジアに駐留することを認めた。しかし、アメリカはロシアに何の見返りも与えず、ロシアの反対を無視してイラク戦争やＮＡＴＯ拡大に突き進んだ。米ロ関係は悪化し、テロとの戦いをめぐる国際協力はうまくいかなかった。

その後、プーチンが大統領に復帰した後の二〇一三年四月に米ロの対テロ協力をうかがわせる興味深い動きがあった。きっかけはアメリカのボストンマラソンで爆弾テロがあり、三人が死亡し、数百人がけがをした事件だ。テロを行ったのは一〇年ほど前にアメリカに移り住んだチェチェン人の兄弟だった。この事件を受けてオバマ大統領とプーチン大統領が電話会談をし、対テロ対策の協力を強化することで合意し、今後米ロの情報機関が連絡をとりあうことになった。ボストン爆破事件は米ロの関係改善と対テロ協力という思わぬ産物をもたらした。

米ロ関係はその後二〇一四年三月のロシアによるクリミア併合で決定的に悪化する。しかし、この年の六月、過激派組織ISがシリアとイラクにまたがる地域にイスラム国家の樹立を宣言したことをきっかけに、米ロは再びテロとの戦いへの協力に動いた。アメリカのオバマ政権は八月にイラクとシリアのISの拠点に対する空爆を実施し、ロシアも翌二〇一五年九月にシリアでISの拠点への空爆を開始した。これを受けて二〇一五年一〇月に米ロ間で結ばれたのがシリア上空での戦闘機の衝突回避のための覚書だった。覚書は飛行中の安全な距離の確保やパイロット同士の交信用の無線周波数の指定などを定めたもので、シリアでの対テロ戦争における米ロ協力の基礎となった。

二〇一七年一月、トランプ政権が発足すると、この対テロ戦争での米ロ協力に対する期待は高まった。しかし、シリアで四月初め、化学兵器が使用され、大勢の市民が死傷するという衝撃的な事件が起きた。これに対し、アメリカは、攻撃を行ったのはアサド政権だとして、アサド政権の軍事基地を巡航ミサイルで攻撃。アサド政権を擁護するロシアはこれに激しく反発した。米ロ間の緊張が高まり、軍の衝突回避の覚書は一時停止される事態になった。こうした中、プーチン・トランプ両首脳は五月、電話協議を行った。ロシア側は、「シリア危機を背景に国際テロとの戦いで米ロの将来的な協調行動を話し合った」と述べ、対テロ協力の再開が首脳間で確認されたことを示唆した。

七月にはトランプ大統領就任後初めての米ロ首脳会談が行われ、両国はシリア南西部に安全地帯を設置し、部分停戦することで合意した。この合意について、IS対策を担当するアメリカの大統領特使は八月、「停戦は非常に順調に推移している。ロシアとの関係悪化がロシアとの調整に影響を与えていることはない」と述べ、シリアにおける米ロの協力が継続していることを明らかにした。

こうした中、国際社会の大きな脅威となってきたISが壊滅状態に陥った。ISは一時、イラクとシリアのそれぞれ三分の一程度の領土を支配していた。しかし、イラクではアメリカなどの空爆やイラク政府軍の攻勢を受け、またシリアでもクルド人勢力やアサド政権軍の攻撃によって領土を次々に失い、劣勢に陥っていた。そして、二〇一七年一〇月、ISが首都と位置づけてきたシリアのラッカが陥落し、ISは事実上壊滅した。

しかし、今後に向けて多くの課題が残されている。シリアとイラクの秩序や政治的な安定をどう回復するのか。シリアのアサド政権と反政府勢力との内戦をいかに終わらせるのか。特にロシアが支持するアサド政権の存続を認めるかどうかが最大の対立点だ。そしてＩＳの過激な思想やテロが世界に拡散するのをどう防ぐのかなどである。

今後の課題

ロシア国内では最近サンクトペテルブルグで地下鉄爆破テロが起きたように、今後もモスクワなどの大都市でテロ事件が起きる可能性は否定できない。ＩＳに参加したイスラム過激派がロシアに戻ってテロを起こすことが懸念されている。二〇一八年にはロシア大統領選挙やサッカーのワールドカップがロシアの各地で開催されるだけに、ロシアの指導部はソチ・オリンピックの時と同様に厳戒態勢でテロ対策に臨むことになるだろう。しかし、テロを力だけで抑え込むのは不可能だ。北カフカス地方などでは差別や貧困、汚職、高い失業率といった状況は改善されておらず、テロを生む土壌は大きくは変わっていない。

また、国内的にもう一つ問題なのはロシアの人々がテロの脅威にあまり反応しなくなってきていることだ。パリやロンドンなどヨーロッパ各地でこの数年、大規模なテロが頻繁に起きているが、ロシアではヨーロッパと違って、エリツィン時代末期の一九九〇年代末から長い間テロの脅威にさらされてきた。チェチェン戦争や北オセチアの学校占拠事件などあまりに多くの衝撃的な事件が起きたために、人々はテロの脅威にある意味で慣れてしまっている。多くのロシア人にとってテロの脅威はいつものことであり、何か抽象的なものだ。一方で経済危機や生活レベルの低下は皆の生活に関わるものだ。政権側が治安対策の強化を訴えても人々の心にあまり響かなくなってきている。プーチンはすでに二〇年近くもテロとの戦いを掲げているが、勝利できていないという認識が強まりつつある。政権側がテロの政治利用やプロパガンダに力を注ぐのではなく、実質的で総合的な対策を打ち出し、それを実行しない限り、テロを抑え込むのはますます難しくなるばかりだ。

第七章　露呈したスポーツ大国の闇

ロシアはソ連時代からオリンピックで数多くの金メダルを獲得してきたスポーツ大国である。運動能力の優れた子供を選抜し、国の予算をつぎ込み、専門のコーチと設備の整ったスポーツ施設で一流のスポーツ選手に育て上げ、国の威信を高めてきた。そうしたスポーツによる国威発揚の裏でソ連ではかねてより禁止薬物の乱用・ドーピングがまん延していたと指摘されていた。

ソ連崩壊はそうしたロシアのスポーツ界に大きな影響を与えた。すさまじい経済混乱の中で、優秀な選手やコーチは海外に流出し、選手の育成システムも崩壊した。ロシアはスポーツ大国の座から滑り落ちていった。しかし、プーチン政権になってロシアは大国として国際舞台に復活した。二〇一四年にはロシアとなって初めて自国で開催するオリンピックがソチで開かれ、圧倒的な強さを示すなど、スポーツ大国としても復活したことを誇示した。その陰でロシアが国家ぐるみのドーピングを行っていたことが明らかになった。その結果、二〇一六年のリオデジャネイロ・オリンピックにはロシアの多くの選手が出場できないという異常な事態になった。

こうした国家ぐるみのドーピングが行われたのは一体なぜなのか？　直接的にはプーチン政権が自国開催のオリンピックで圧勝することによって、国民の愛国心を高め、自らの権力基盤を強化し、スポーツ大国復活をアピールしたいという思惑があったことは否めない。さらにより広い背景としてオリンピックを政治の道具としてとらえる国家とスポーツとの関係や、何が何でも勝たなければならないという勝利至上主義や国益至上主義がソ連時代と何も変わっていないことがある。さらにドーピング批判はロシアに対するアメリカの陰謀だと問題をすり替えたり、法やルールは破るためにあるとするロシアの人々の伝統的な考え方や意識にも大きな問題があるように思う。この章では露呈したスポーツ大国ロシアの闇を考える。

ドーピングはソ連時代から

ソ連が初めてオリンピックに参加したのは第二次世界大戦後、一九五二年七月のヘルシンキ大会だった。スターリン時代のソ連は西側への不信感が強く、世界から孤立する中で国際的なスポーツ大会には参加しなかった。しかし、戦争に勝利し、社会主義陣営が拡大するにつれて、共産主義のイデオロギーを世界に広めるためにもオリンピックへの参加は有益だと考えるようになった。初めて参加したヘルシンキ・オリンピックでソ連はいきなりアメリカに次ぐ二二個の金メダルを獲得し、スポーツの分野でもアメリカに匹敵する大国であることを示した。

以来、スポーツは国威発揚の重要な道具となり、勝利至上主義が強く掲げられるようになった。優秀なスポーツ選手を早くから見出し、特別な施設で訓練し、国家ぐるみで育ててきた。ステート・アマと呼ばれる選手たちだ。こうした中で、西側との熾烈な競争に打ち勝つため、ソ連でも一九六〇年代からスポーツ選手にドーピングが行われるようになった。当時ドーピングを主導したのは重量挙げのソ連代表チームの主任トレーナーを務めたアルカジー・ヴォロビヨフやセルゲイ・サルサニヤだった。そのサルサニヤが二〇一三年にロシアのスポーツ誌に当時のドーピングの実態を明らかにした。それによると、最初は興奮剤のアンフェタミン、その後、筋肉増強剤のアナボリック・ステロイドが使われるようになった。これらの薬物はソ連のスポーツ選手の秘密兵器と言われ、重量挙げや陸上競技、ホッケー、サッカーなど多くの選手が使用していたという。

一九八〇年、モスクワで社会主義圏で初のオリンピックが開かれたが、欧米諸国は前年のソ連軍のアフガニスタン侵攻に抗議して大会をボイコットした。これに対して、ソ連は一九八四年のロサンゼルス大会をボイコットしたが、一九八八年のソウル大会には八年ぶりに復帰した。このソウル大会でもドーピングが横行し、陸上男子一〇〇メートル走に出場したカナダのベン・ジョンソンが薬物使用で金メダルをはく奪されるという大スキャンダルがあった。この大会ではソ連の陸上選手の多くが薬物を使用していた。当時のソ連のスポーツ誌によると、ソ連はドーピングの検査機器を積み込んだ大型客船をソウルの近くに停泊させていた。ドーピング隠しが狙いで、選手の体内から薬物が抜けたかどうかを検査前に確認していたという。

こうした薬物使用はソ連だけではなく、世界の多くの国でも行われた。中でも薬物を最も組織的に使用したのが東ドイツだった。その実態はベルリンの壁崩壊のあとに明らかになったが、水泳などの多くの競技で選手はコーチやトレーナーからアナボリック・ステロイドなどの薬物を与えられていた。一九七六年のモントリオール大会で四つの金メダルを獲得した女子競泳選手コルネリア・エンダーは、のちにコーチなどから試合の前に注射などで多くの薬品を投与されていたことを認めた。この大会では人口一七〇〇万人の東ドイツが獲得した金メダルは第二位の四〇個にのぼった。これは三位のアメリカ（三四個）を上回り、第一位のソ連（四九個）に迫る勢いだった。

これに対して、国際オリンピック委員会のドーピング対策は極めて遅かった。オリンピックでアナボリック・ステロイドを対象にしたドーピング検査が導入されたのはようやく一九七六年のモントリオール大会になってからだ。国際オリンピック委員会は一九九〇年代にドーピングとの戦いに組織的に取り組むようになり、一九九九年に世界反ドーピング機関が設立された。しかし、ドーピングはなくならず、二〇〇〇年のシドニー大会ではアメリカの女子陸上選手マリオン・ジョーンズが五つのメダルを獲得したものの、禁止薬物を使用していたことが分かり、メダルをはく奪された。その後も、二〇〇四年のアテネ大会と二〇〇八年の北京大会ではいずれも三七人が、二〇一二年のロンドン大会では実に五一人がドーピングで資格停止処分となった。こうした中で、二〇一六年のリオデジャネイロ大会を前に大きな問題となったのがロシアの国家ぐるみのドーピングだった。

揺れるリオデジャネイロ・オリンピック

ロシアの一連のドーピング問題は大きく二つの段階に分けられる。一つは二〇一四年一二月にロシア陸上界の疑惑が発覚したことだ。これを受けて世界反ドーピング機関はロシアの陸上競技連盟が組織的なドーピングを行っていたと認定し、ロシア陸連を資格停止処分とした。もう一つは二〇一六年五月にロシアが二〇一四年のソチ・オリンピックで国家ぐるみのドーピングを行っていたことが明るみに出たことだ。調査を行った世界反ドーピング機関はロシアのスポーツ省が主導し、治安機関のＦＳＢ（連邦保安庁）が関与するなど国家ぐるみのドーピングと隠ぺい工作を行っていたと認定した。

この問題でスポーツ大国ロシアの選手がリオデジャネイロ大会から全面的に締め出されるのかどうかが大きな関心を集めたが、国際オリンピック委員会は全面禁止にはせず、競技連盟ごとに判断するという決断を下した。一方、国際パラリンピック委員会はロシアのすべてのパラリンピック選手のリオデジャネイロ大会への参加を禁止すると発表した。オリンピックとパラリンピックでロシア選手の扱いが分かれる結果となった。

こうして二〇一六年八月、南米で初めてのリオデジャネイロ・オリンピックが行われた。ロシアはドーピング問題で陸上選手のほかにも重量挙げなどの選手の参加が認められなかった。選手団は三八九人が予定されていたが、参加したのは二七一人とおよそ七割にとどまった。では大会の成績はどうだったのか？　ロシアは前回のロンドン大会でメダルは金二四個を含む八二個を獲得し、全体の順位は四位だった。これに対して、リオデジャネイロ大会では金メダル一九個を含む五六個となり、全体の順位は四位だった。これをどう見るべきか？　参加が認められなかった陸上競技と重量挙げのメダルが減っただけで、全体的には前回並みの成績を維持したと言える。ロシア国内でもロシア選手団はよく健闘したと受け止められた。シンクロナイズドスイミングや新体操はいずれも五連覇と圧倒的な強さを示した。

一方、大会ではロシアの選手は冷たい視線を浴びた。女子平泳ぎ一〇〇メートルと二〇〇メートルで銀メダルを獲得したユリヤ・エフィモワはロシアのドーピング問題の象徴的な存在としてブーイングを浴びた。エフィモワは過去の違反歴を理由に国際水泳連盟が出場を認めなかったが、「一年のほとんどをアメリカで練習している」と訴え、スポーツ仲裁裁判所が開会直前に出場を認めた。これに対して、平泳ぎ一〇〇メートルで優勝したアメリカの選手は「私はクリーンな選手として戦えた」とエフィモワを皮肉る発言をした。

ロシア陸上界の不正

第一のロシア陸上界のドーピング発覚は二〇一四年一二月三日、ドイツの公共放送

ＡＲＤが放送したある番組がきっかけだった。それは『ドーピングの秘密――ロシアはいかに勝者を作りだしたのか』という一時間のドキュメンタリー番組で、ロシアの選手らの内部告発をもとに調査報道により組織的なドーピングの実態を克明に描き出していた。内部告発をしたのはドーピングを取り締まるロシアの反ドーピング機関の元職員ヴィタリー・ステパノフと、その妻で陸上中距離のロシア代表選手ユリヤ・ステパノワだ。ユリヤは二〇一一年の世界選手権で女子八〇〇メートル走に出場し、八位に入賞したトップランナーだった。しかし、禁止薬物を服用したことが発覚し、二〇一三年にドーピングで二年間の資格停止処分を受けていた。

この番組が明らかにしたのは大きく二つの問題だった。一つはロシアの陸上選手の間にドーピングが広がっていること。もう一つはドーピングの処分を免れるため汚職が横行していることだ。第一のロシア陸上界のドーピングの実態について、ヴィタリーは、「ロシアではすべての選手がドーピングをしている。ロシアではドーピングなしでは今の記録は達成できない」と述べている。また水泳や自転車、バイアスロン、陸上、重量挙げ、ノルディック・スキーの選手らが陽性の検査結果をもみ消そうと反ドーピング機関に働きかけているのを見たと証言し、さまざまな競技団体や反ドーピング機関がからんで、陽性結果のもみ消しなどの悪質な行為がロシアで日常的に行われている実態を明らかにした。

また妻のユリヤは、陸上のナショナル・チームの指導的なコーチ、セルゲイ・ポルトゥガロフとアレクセイ・メリニコフの二人が禁止薬物を率先して選手に与えていると証言した。このうちポルトゥガロフは一九七〇年代、八〇年代にソ連が集中的なドーピングをしていた時からのコーチで、今、ロシアのドーピングの中心人物とされているという。ユリヤはこのポルトゥガロフから個人的に禁止薬物をもらっていた。そして大会で一位を取った時は五万ルーブル、二位なら三万ルーブル、三位なら二万ルーブルなどと、シーズンで自分が稼いだ金のおよそ五%を支払っていた。またユリヤはこのポルトゥガロフのもとにノルディック・スキーや四〇〇メートル走の選手や水泳のコーチらが列をなして来ていたと証言している。

ユリヤ(左)とヴィタリー［写真:ロイター／アフロ］

選手に与えられたのはエリスロポエチン、テストステロン、オクサンドロロンといった使用が禁止されている筋肉増強剤だったという。選手はコーチから薬を与えられ、それを飲み、良い成績を出す。しかし、ドーピングが発覚し、資格停止処分になれば、その選手は容赦なく切り捨てられ、代わりの選手が起用されるというのが実態だという。

トップ選手もドーピング

番組でドーピングをしていたロシアのトップ選手として取り上げられたのがマリヤ・サヴィノワだ。サヴィノワは二〇一二年のロンドン・オリンピックの陸上女子八〇〇メートル走で金メダルを獲得したが、その後ドーピングが発覚し、永久資格停止になった。番組には携帯電話のカメラで隠し撮りされたサヴィノワの会話が出てくる。この中でサヴィノワが薬物の効果を尋ねたり、ある禁止薬物が服用後二〇日間で体から早く出ていくなどと薬物の使用について述べている。また陸上のヘッドコーチが自分の検査結果のもみ消しを助けてくれていて、自分のコーチがこのヘッドコーチと一緒に働いているのは幸運だなどと述べている。ここには禁止薬物を使っていることへの後ろめたさは全く見られない。

この番組を受けて、世界反ドーピング機関の第三者委員会が告発の内容を調べ、二〇一五年一一月、調査報告書を公表した。この中で、ロシアの陸上界で組織的なドーピングが行われていたと認定した。国際陸上連盟はその勧告に従ってロシア陸連を資格停止処分にするとともに、二〇一六年六月、ロシアの陸上選手をリオデジャネイロ・オリンピックに参加させないことを決定した。

ドーピング隠しの汚職

ドイツの番組が指摘したもう一つの大きな問題はロシアでドーピングにからんで汚職が横行していることだ。番組が取り上げたのは女子マラソンランナーのリリヤ・ショブホワだ。二〇〇九年から二〇一一年までシカゴ・マラソンで三連勝したトップ選手で、番組ではショブホワ自身がインタビューに応じた。この中で彼女はドーピングで陽性反応を示したデータを隠して二〇一二年のロンドン・オリンピックに出場するために、二〇一一年から翌二〇一二年にかけ二回に分けて計四五万ユーロ（約五八〇〇万円）をロシア陸連の幹部らに支払ったと証言した。その結果、ショブホワはロンドン・オリンピックに出場できたが、途中で棄権した。

この問題ではその後、国際陸連の倫理委員会が調査に乗り出し、二〇一六年一月に報告書を発表した。それによると、ショブホワのドーピングの隠ぺいは国際陸連のコンサルタントだったセネガルのパパマッサタ・ディアク、ロシア陸連の前会長ワレンチン・バラフニチェフ、元コーチのアレクセイ・メリニコフの三人が主導して画策。二〇一一年一二月にメリニコフが、違反のリストから名前を外す見返りとしてショブホワに一五万ユーロ（約一九〇〇万円）を要求。さらに追加で二〇一二年六月にはロンドン五輪出場のために「三〇万ユーロが必要」として半強制的に支払いを求めた。違反の発覚を恐れたショブホワはこれに応じたが、結局は二〇一四年に資格停止処分が科される事態になり、三〇万ユーロが返金されたという。倫理委はこの返金を「口封じを図った」ものと指摘し、報告書は「脅迫行為で選手にわいろを強要したのはより罪が重く、スポーツ界に深刻なダメージを与えた」と結論づけた。ディアクとバラフニチェフ、メリニコフの三人は国際陸連から永久追放処分となり、三人には一万五〇〇〇ドルから二万五〇〇〇ドル（約一七〇万～二八〇万円）の罰金も科された。

ショブホワはその後、二〇一四年四月に生体パスポートから血液ドーピングをうかがわせるデータが検出され、ロシア陸連から二年間の資格停止処分を受けた。また二〇一六年七月、イギリス高等法院はドーピング違反で処分を受けたショブホワに対してロンドン・マラソンで得た賞金およそ三七万八〇〇〇ポンド（約五四〇〇万円）の返還を命じた。ショブホワはロンドン・マラソンで二〇一〇年に優勝、二〇一一年に二位に入っていた。

ステパノフ夫妻の勇気ある内部告発がなければロシア陸連の組織ぐるみのドーピングにこれだけ国際社会の関心が集まることはなかっただろう。なぜ二人は内部告発に踏み切ったのか？　ユリヤはヴィタリーと知り合った際、自分がコーチに勧められて一〇年近く日常的に薬物を使っていることを打ち明けた。多くの選手が薬物を使っており、違法なことをしているとは思わなかったという。反ドーピング機関に勤めていたヴィタリーもはじめはユリヤのドーピングを手伝い、薬物の調達もした。しかし、結婚して子供が生まれたことや、ドーピングをしながら良い成績を出している二重生活が耐えがたくなり、これ以上ウソは続けたくないと告発を決意した。そしてヴィタリーは世界反ドーピング機関に手紙を書き、ユリヤの体験を伝えた。しかし、この機関がすぐに調査に乗り出さなかったため、ドイツ人のジャーナリストにもメールを送ったという。しかし、二人はロシアでは「裏切り者」と非難されている。夫妻は番組の放送のあと、ロシアを離れ、八回も引越しを余儀なくされた。ユリヤはこの番組の中で心境を次のように述べている。

「ロシアのシステムを暴露したことで、私はおそらくロシアのナンバーワンの敵になるだろう。私は全世界に対して我が国を裏切ったのだ。ロシアでの私の人生は暗転するだろう。ロシアはこうしたことを決して許さないと思う」。

ソチ・オリンピックでも不正

ロシア陸上界の組織的ドーピング問題に続いて、二〇一六年五月にはロシアがソチ・オリンピックの際、国家ぐるみのドーピングと隠ぺい工作を行っていたことが明るみに出た。きっかけはロシアの反ドーピング機関の元所長グリゴリー・ロドチェンコフがアメリカの新聞ニューヨーク・タイムズとのインタビューでソチ・オリンピックでのドーピングの実態を暴露したことだ。ロドチェンコフは二〇〇五年からドーピングを取り締まるモスクワの反ドーピング機関の所長を務めていたが、実際にはドーピングに深く関わっていた。二〇一五年一一月の世界反ドーピング機関の独立委員会の報告書でドーピング問題で中心的な役割を担ったと指摘されたあと、所長を解任された。

このインタビューでロドチェンコフはソチ・オリンピックで少なくとも一五人のメダリストを含む数十人のロシア選手に禁止薬物を提供していたと述べた。また検査所でオリンピック終了までに一〇〇程度の尿検体を廃棄し、用意していた問題のない尿に置き換えるなど組織的な不正を行っていたことを明らかにした。これはスポーツ省幹部の指示によるものだった。

ロドチェンコフは筋肉増強効果のある三種類の合成ステロイドを混合したカクテルを開発し、選手に与えた。この薬物は厳しい練習後に体をすばやく回復させる効果があり、吸収を早めるために男性にはウイスキー、女性にはマティーニなどのアルコールに混ぜて提供していた。一ミリリットルのアルコールに対してステロイドのミックス一ミリグラムを混ぜ、選手は薬を吸収するため、液体を飲むのではなく、口に含み、ほおの粘膜から吸収させて、吐き出すように指示されたという。そしてドーピングを行ったメダリストとして、ボブスレー四人乗りと二人乗りで金メダルを取ったアレクサンドル・ズブコフ、スキーのクロスカントリーで金メダルと銀メダルを取ったアレクサンドル・レグコフ、スケルトンで金メダルを取ったアレクサンドル・トレチャコフをあげた。またクロスカントリー・チームの一四人や女子ホッケー・チームもドーピングをしていたと述べた。

ロシアが国家ぐるみのドーピングと認定

この内部告発を受けて、世界反ドーピング機関の調査チームは二〇一六年七月と一二月に二つの報告書を発表し、ソチ・オリンピックを含めロシア政府が二〇一一年から二〇一五年にかけて国家主導でドーピングを行っていたと認定した。そしてこの期間に夏と冬のオリンピックやパラリンピックの三〇以上の競技において一〇〇〇人以上の選手がドーピングに関与していたと指摘した。また、ソチ・オリンピックでアイスホッケーの女子選手の検体から男性のDNAが見つかったことやパラリンピックで二一人のメダリストのうち六人のサンプルに手が加えられていたことも報告された。

そして、国際オリンピック委員会にリオデジャネイロ・オリンピックへのロシア選手の参加拒否を検討するよう勧告した。ロドチェンコフの内部告発と世界反ドーピング機関の報告書は二つの大きな問題を明らかにした。一つはソチ・オリンピックで圧倒的な勝利をあげるため、ロシアはスポーツ省の主導で国家ぐるみのドーピングを行っていたこと。もう一つはドーピングの発覚を免れるため、薬物で汚れた尿をきれいな尿にすり替える組織的な隠ぺい工作を行っていたことだ。

ここからはロドチェンコフの証言と世界反ドーピング機関の報告書にそって、ロシアのドーピングと隠ぺい工作の実態を見ていくことにする。第一の国家ぐるみのドーピングについて、世界反ドーピング機関の報告書は、ロシアのスポーツ省が主導し、治安機関のFSBや反ドーピング機関などが関与しドーピングと隠ぺい工作が行われたと指摘している。スポーツ省の中心人物は当時首相だったプーチンから任命されたユーリー・ナゴルヌィフ次官だった。ナゴルヌィフはロシア・オリンピック委員会のメンバーでもあり、ヴィタリー・ムトコ・スポーツ相にも報告をあげていた。モスクワの反ドーピング機関はサンプルで異常値が出ると、スポーツ省に報告。ナゴルヌィフが有力選手かどうかを判断基準にどの選手のデータを隠ぺいするかを決め通知した。隠ぺいの指示が出ると反ドーピング機関はドーピング検査結果のデータを陰性に改ざんした。

こうした不正は少なくとも二〇一一年末から二〇一五年八月まで行われ、ソチ・オリンピック以外に、二〇一三年のモスクワ世界陸上なども対象となった。異常値が出た検体のうち、スポーツ省の指示で、少なくとも三一二の検体が陰性に改ざんされた。

ロドチェンコフによると、金メダル三個に終わった二〇一〇年のバンクーバー・オリンピックのあと、この失敗を繰り返すわけにはいかないとして、ムトコ・スポーツ相、ナゴルヌィフ次官らが次のような方針を決めた。①検査で検出されないドーピング手法の開発、②すべての反ドーピング工程を政府の管理下に置くこと、③国はＦＳＢなどを通じて支援すること、が申し合わされたという。

隠ぺい工作の実態――「ふたを開けろ」

では隠ぺい工作はどのようにして行われたのだろうか？　世界反ドーピング機関の報告書によると、ソチ・オリンピックではデータの改ざんによる隠ぺいではなく、ＦＳＢの協力で尿検体を直接すり替える方法を採用することになった。これはソチの反ドーピング機関に他国の分析機関の関係者や世界反ドーピング機関のオブザーバーが監視に入り、データの改ざんが難しくなるためだった。

ソチへの準備が始まったのは二〇一三年秋だとロドチェンコフは述べている。モスクワの反ドーピング機関にＦＳＢの関係者が現れたのはその頃だった。この人物が特に関心を示したのが尿のサンプルを入れた容器で、ふたを閉めるとロックされて開かなくなる仕組みだった。国際大会では検査の手順は厳しく、選手は検査で陽性反応が出るのを避けるため大会の前に禁止薬物の使用を中止するのが普通だという。しかし、ロシアのスポーツ当局者はオリンピックの自国開催をチャンスと見た。反ドーピング機関の結果をコントロールし、大会期間中、自国選手が禁止薬物を使用できるようにすることにしたとロドチェンコフは述べている。

このため尿のサンプルが入った容器を開けることがカギとなった。FSBの関係者は大会の数週間前、密封されていた容器を開いた状態で手渡したという。世界反ドーピング機関の報告書によると、FSBは密封された容器を開ける技術を約一年前に開発していた。このため、FSBは関係者の間では「魔法使い」と呼ばれていたが、彼らがどのようにして容器を開けたのか反ドーピング機関の誰も知らなかった。

すり替えの手口

では尿のすり替えはどのようにして行われたのか? 作業は大会期間中、外国の専門家や監視員がほとんどいない真夜中に連日数時間にわたって明け方まで行われた。ソチの反ドーピング機関の施設にある荷物室が「影の検査所」として使われ、ロドチェンコフは真夜中になると着替えてその検査所に通った。この部屋は窓が一つだけでテープで外から見えないようになっていた。隣に尿のサンプルを集めた部屋があった。そこにいる同僚が必要な容器を抜き取り、壁にあけた丸い穴、通称「ネズミの穴」を通じて影の検査所に渡していたという。これはロドチェンコフ側の発案によるもので、警備の厳しいエリアの部屋の壁に穴をあけ、警備のゆるいエリアに検体を運び出すことにした。この「ネズミの穴」は日中は小さな木のキャビネットで隠されていた。

この反ドーピング施設の内部にはFSBの関係者が待機する部屋が用意され、この人物は施設の水道管の作業員を装って出入りしていた。封印された容器はこのFSBの関係者に渡され、男は隣のビルにそれを持って行った。数時間後、容器は影の検査所に戻され、容器のふたは開いていたという。この男はまたオリンピックの数カ月前、ドーピングを始める前に選手から集めたきれいな尿を提供した。

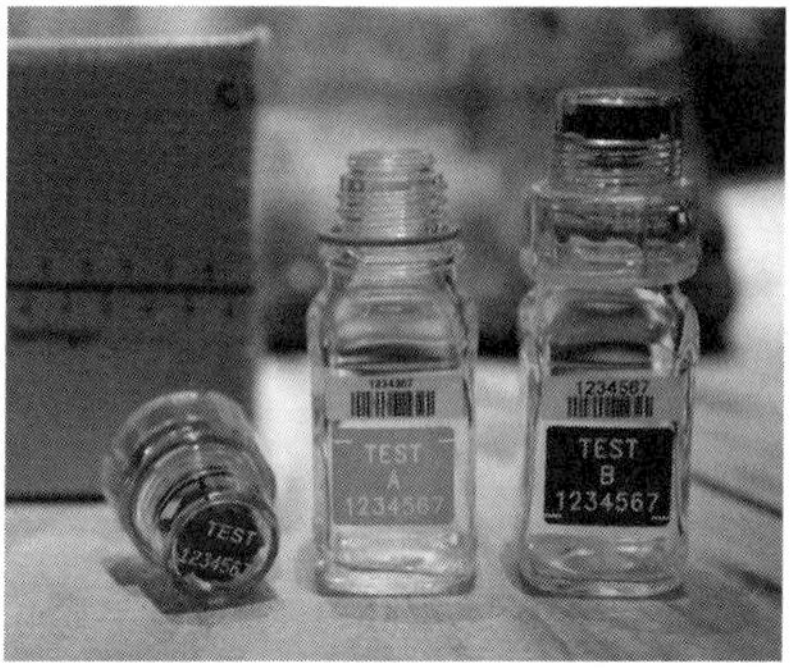

ドーピング検査に使われる尿のサンプル容器
［写真：AP／アフロ］

すり替えが必要なサンプルについてはスポーツ省の当局者がロドチェンコフに選手のリストを送ってきた。選手と反ドーピング機関に提出された匿名のサンプルを一致させるため、選手はコード化された自分のサンプルの写真を撮り、それをスポーツ省に送った。「尿の準備ができた」というシグナルを受けたあと、ロドチェンコフは真夜中のすり替え作業に向かった。ロドチェンコフとその同僚は部屋の明かりを消し、ふたが開いて戻ってきた容器の汚れた尿をトイレに捨て、容器を洗い、乾かし、きれいな尿にすり替えた。その後、二つの尿のサンプルの記録された特性と矛盾しないように塩や水を加え調整した。こうしたすり替え作業で大会終了までに廃棄されたサンプルは最大一〇〇個にのぼったという。代替の尿は薬物の痕跡が出ない時期に各選手が採取し、スポーツ省の下部組織が冷凍保管してきたものだった。

FSBの関与

ロシアの国家ぐるみのドーピングで特異なのは治安機関のFSBが深く関与していたことである。世界反ドーピング機関の報告書は、密閉された容器のふたを開ける技術を開発するなど、FSBがドーピングや隠ぺい工作に大きな役割を果たしたと指摘している。ロシアではプーチン大統領自身、KGBの出身であり、その側近やさまざまな省庁、主な国営企業の幹部が治安機関出身者で占められている。プーチンのロシアがKGB国家と呼ばれるゆえんである。プーチン政権が今回ドーピングにFSBまで動員したことは、何としてもオリンピックで大きな成果をあげなければならないという焦りを示すものと言える。それはまたそこまで謀略を使ってでも勝たなければならないというロシアのスポーツをめぐる現実を示すもので、ロシアのドーピング問題が非常に根深く、根絶するのが難しいことを物語っている。

このドーピング疑惑が続く中、ＦＳＢの関与を証言したロシアの反ドーピング機関のロドチェンコフ元所長は「身の安全を懸念」して事実上アメリカに亡命した。また二〇一六年二月、ロシアの反ドーピング機関のヴャチェスラフ・シニョフ元会長やニキータ・カマエフ前最高責任者が相次いで不審な死を遂げた。カマエフ氏は暴露本をイギリスで出版しようとしたことから口封じとの観測も出ている。しかし、このドーピング疑惑でＦＳＢは誰も責任を問われていない。

ドーピングの背景

ロシアが国家ぐるみのドーピングを行った背景にはいくつかの事情がある。一つはソチ・オリンピックの前哨戦となった二〇一〇年のカナダのバンクーバー冬季オリンピックでロシアが惨敗したこと。もう一つはプーチン政権がソチ・オリンピックでの成功を通じて大国としての復活を国内外に示さなければならないという大きな圧力にさらされていたことである。

第一のバンクーバー・オリンピックでの惨敗。ロシアはこの大会でソ連時代も含め史上最低の成績に終わった。ソ連時代、メダルの獲得数では常に一位か二位だったが、この大会は金メダルはわずか三個で、順位は一一位だった。ロシアは経済成長の一方で、ソ連崩壊の後遺症から立ち直っていないことを示した。四年後にソチ・オリンピックの開催を控えていただけに国民の間には大きな失望感が広がり、メドヴェージェフ大統領はオリンピック関係の責任者の辞任を求めた。

不振の原因はソ連崩壊でソ連時代のスポーツ選手の育成制度が崩壊し、そのツケが回ってきたことがある。優秀な選手やコーチは次々に国外に活動の場を移し、訓練施設も予算不足で老朽化した。その後、プーチン時代の経済成長でスポーツにも多額の資金が投入されるようになったが、ソ連崩壊の後遺症をまだ克服できていないのが実情だった。オリンピックの惨敗はロシアがスポーツの世界でもすでに超大国ではないことを示した。

第二のソチ・オリンピックで結果を出さなければならないという焦り。バンクーバー大会で惨敗したロシアだが、四年後のソチ・オリンピックでは一転して金メダル一三個、銀メダル一一個、銅メダル九個と、金メダル数でもメダルの総数でも一位と圧倒的な強さを見せつけた。この背景にはもちろんロシアが国をあげて選手強化に取り組んだこともあるだろう。その一方でプーチン政権にはソチ・オリンピックで圧勝しなければならないという強い圧力や焦りがあった。自国開催のオリンピックで圧倒的に勝利し、スポーツによって愛国心を高め、自らの権力基盤を強化するため、なりふり構わずに選手へのドーピングを強化したものと見られている。

より広い背景としてあるのは、ロシアがスポーツでもアメリカと並ぶ大国であることをアピールするなど、オリンピックを政治の道具ととらえる国家とスポーツとの関係や、不正をしてでも何が何でも勝たなければならないという勝利至上主義や国益至上主義の考え方がソ連時代と何も変わっていないことである。さらにドーピング批判はロシアに対するアメリカの陰謀だとして問題を直視しない考え方、ドーピングは欧米の国々もやっていることだ、法やルールは破るためにあるといった人々の伝統的な考え方や意識がドーピングを助長しているといえる。

ロシア、リオ五輪への全面出場禁止は免れる

この問題で国際オリンピック委員会は二〇一六年七月二四日、ロシアをリオデジャネイロ・オリンピックから全面排除はせず、条件を満たしたロシア選手は出場を認めるこ

とを決定した。出場の条件や個々の選手の出場の可否の判断は各競技の国際競技団体にゆだね、国際オリンピック委員会としての判断は避けた。トーマス・バッハ会長はこの決定について、「ロシアの国全体の責任と選手個人の正当な権利とのバランスを考慮した。リオデジャネイロ・オリンピックへの出場を望むロシア選手には厳しい条件を求める」と述べた。

その背景には大会に決定的な亀裂が入るのは避けたいという思惑があった。ロシアがオリンピック不参加となれば、一九八〇年のモスクワ・オリンピックを欧米諸国がボイコット、一九八四年のロサンゼルス・オリンピックを東側諸国がボイコットして以来の決定的な対立となる。多くの強豪選手を擁するロシアを全面的に除外すればオリンピックの魅力や競技の質が損なわれるほか、テレビの放映権料やスポンサー収入が減り、商業的な価値が著しく低下するおそれがあると判断したと見られる。一方で国際オリンピック委員会がオリンピック史上最悪の国家的犯罪に対して毅然とした態度を取らなかったことや国際オリンピック委員会が自ら決断せず、重大な判断を各競技の国際連盟に丸投げしたことへの厳しい批判も多い。スポーツが政治に負けたという批判もある。

プーチン政権の対応

では一連の疑惑にプーチン政権はどう対応したのだろうか？　二〇一五年一一月、世界反ドーピング機関の第三者委員会の報告書がロシア陸上界の組織的なドーピングを認定した際、プーチン大統領は「ドーピングと戦わなくてはならない」と強調し、国際機関の調査に「最大限協力する」と約束した。一方で「責任は違反した個人が負わなければならない。ドーピングに関与していない選手に責任を負わせるべきでない」と述べ、ドーピングが組織ぐるみとの見方は否定した。また二〇一六年七月、世界反ドーピング機関の報告書がソチ・オリンピックでのロシアの国家ぐるみのドーピングを認定し、ロシア選手団のリオデジャネイロ・オリンピックへの参加禁止を勧告したことについて、プーチンは異例の声明を発表し、「スポーツを道具に使って、ロシアに地政学的な圧力をかけ、悪いイメージを作り出そうとしている」と主張し、「スポーツへの政治の介入だ」と批判した。一方、世界反ドーピング機関の報告で国家ぐるみのドーピングの中心人物とされたスポーツ省のナゴルヌィフ次官は一時職務停止となった。しかし、プーチン大統領の側近のムトコ・スポーツ相は何の処分も受けていない。ロシア政府はロシアのオリンピックへの全面参加禁止を見送った国際オリンピック委員会の決定について、事実上の勝利と受け止めた。ロシアはともかく全競技でオリンピックに参加できない最悪の事態は免れた。ロシアは現状で最大限の成果を勝ち取ったといえる。

ロシアの世論は

スポーツはその国の社会を映す鏡とも言われるが、ロシアの世論はこの問題をどう受け止めたのだろうか？　一連のドーピング疑惑はロシアをおとしめようとする欧米の政治的な陰謀とする受け止め方が強い。ロシアの世論調査機関レヴァダセンターが二〇一六年七月に行った二つの調査では以下のような興味深い結果が出ている。「ロシアがソチ・オリンピックで国家ぐるみのドーピングを行ったという報告にどれだけ説得力があるか？」という質問に対し、国家ぐるみのドーピングを行ったと考える人はわずか一四％にすぎない。七一％が報告は信用できないと答えている。「リオデジャネイロ・オリンピックにロシアのすべての選手の参加を禁止することは正しいか？」という問いには八三％が正しくないと答えている。一方、スポーツ選手による筋肉増強剤などの薬物の使用については六〇％が反対と答えたが、二二％が賛成と答えている。「ロシアの選手が国際大会で禁止薬物を他国の選手より多く使用しているかどうか？」については、多いと答えた人は三％、少ないと答えた人は一九％、多くも少なくもないと答えた人は六五％となった。これはロシアだけではなく、欧米の選手も禁止薬物を使っていると、ロシアの人々が考えていることをうかがわせる。「今のスポーツは薬物の支援なしには高い成績は不可能だ」という意見について、三八％がそう思うと答えた。国際陸上連盟がロシアの陸上選手のオリンピック出場を禁止したことについて、クリーンなスポーツのためと答えた人は九％にとどまり、ロシアをおとしめるための政治的な決定だと考える人が七六％に上った。

ロシア、今後は

一連のドーピング疑惑でロシアの威信は著しく失墜し、ロシアの反ドーピング機関の信頼性も損なわれた。この疑惑はウクライナ危機でロシアと欧米との対立が続き、原油価格の下落でロシア経済が危機的な状況になっている中で起きた。オリンピックでスポーツ大国ロシアを世界中にアピールしようとしたプーチン大統領の思惑は挫折した形だ。勝つためには手段を選ばず、ルールを無視するというロシアへの不信感は強まり、大きなイメージダウンとなった。

そうしたロシアは今後果たしてドーピング依存から抜け出せるだろうか？　私はほとんど無理だと思う。それは何よりもロシア自身がドーピングを根絶しようとは考えていないからだ。プーチンも今回のドーピングの責任を個人の選手に負わせ、国家ぐるみであることを認めていない。スポーツ省やＦＳＢも動員してスポーツに介入しておきながら、欧米の批判をスポーツへの政治の介入だとはねつけ、責任を欧米になすり付けようとしている。そこには今ロシアのスポーツ界が抱える深刻な問題と真摯に向き合い、問題を根本的に解決しようとする姿勢は見られない。ロシアのスポーツをめぐる構造を見ると、国家とスポーツとの関係やスポーツ界の体質、国民の意識などすべてがからみ合っていて、もはや部分的な改善をしてもドーピング依存から抜け出すことは極めて難しいと言わざるをえない。

第八章 ――変貌するウラジオストク

ロシアでは二〇〇〇年代の高度成長時代、膨大なオイルマネーが流れ込み、首都モスクワやサンクトペテルブルグ、エカテリンブルグといった大都市は急速に発展した。近代的なビルが立ち並び、街のあちこちにショッピングモールやレストラン、高級ブティックがあり、道路は外国製の車が行きかっている。ヨーロッパの都市と何ら変わらない繁栄ぶりだ。こうした経済成長の波は大なり小なり地方の都市にも押し寄せている。

中でも著しい変貌を遂げたのが極東最大の都市ウラジオストクだ。私はソ連崩壊直後にここに設置されたNHK支局の初代の支局長として一九九二年から二年間勤務し、ソ連からロシアへの移行期の激動を現地で体験した。急激な市場経済化に伴うハイパー・インフレーション、治安の悪化、停電の頻発などが市民生活を直撃していた。当時ウラジオストクからモスクワに出張した際にモスクワのきらびやかな繁栄ぶりを目の当たりにし、これが同じロシアかと目を疑ったものだ。

それから四半世紀。かつて軍事要塞都市だったウラジオストクはロシアのアジア太平洋戦略の一大拠点として目覚ましい発展を遂げている。背景にはプーチン政権がヨーロッパだけではなく、東のアジア太平洋地域にも顔を向け、従来のヨーロッパ重視の戦略を大きく転換していることがある。その東方シフトの戦略にそって東シベリアや極東の豊富な天然資源が開発され、アジア諸国に輸出されている。ウラジオストクは今そうしたシベリア極東開発の拠点、アジア太平洋への玄関口として脚光を浴びつつある。安倍首相とプーチン大統領の首脳会談が行われるなど、ウラジオストクは日ロの経済協力の象徴的な存在にもなっている。この章ではロシア極東の地方都市ウラジオストクのソ連崩壊後の変貌ぶりとプーチン政権が進めるシベリア極東開発やアジア太平洋戦略について考える。

ウラジオストクかハバロフスクか

ソ連末期の一九九一年、ＮＨＫの国際部に勤務していた時、部長から「アジアニュースのネットワークを拡大したい。ソ連の極東に支局を置きたいのでどこがよいか調査するように」と指示された。私は支局を開設するなら極東の二つの大都市ハバロフスクかウラジオストクのいずれかだと考え、現地調査を行った。その結果、どちらにも長所と短所があった。ハバロフスクは極東のハブ空港があり、新潟から直行の飛行機便が出ていて、交通の便は比較的よかった。また現地には日本の総領事館があり、日本人の商社員などが駐在していた。しかし、大陸性気候で冬はマイナス三〇度にもなる厳しい寒さが難点だった。

一方、ハバロフスクから南に八〇〇キロのウラジオストク。この都市は当時外国人立ち入り禁止で、日本からの直行の飛行機便はなかった。日本総領事館はウラジオストクではなくナホトカにあり、電話も交換手経由で、当面の不便はどうしようもなかった。しかし、ウラジオストクはシベリア鉄道の起点で海軍の太平洋艦隊の司令部がある。翌一九九二年から外国人の立ち入りも認められる見通しで、軍事閉鎖都市から開放都市へという話題性もある。気候も日本海に面した海洋性の気候で、冬の寒さはハバロフスクに比べれば穏やかだった。こうしたことを総合的に考え、その将来性にかけて、私はウラジオストクに支局を開設するよう提言し、それが通った。

しかし、調査から帰った直後、モスクワで保守派のクーデターが起き、支局開設の話はつぶれたと思った。幸いクーデターは未遂に終わり、ソ連は崩壊したが、ウラジオストクは予定通り外国に開放されることになった。こうして私はウラジオストク支局の初代支局長に任命された。赴任するにあたって、口の悪い上司から、「お前、かわいそうにな。ま、腐らず、二〜三年辛抱するんだな」と言われたことを今も覚えている。私はこれに強く反発し、送別会の席上、「ウラジオストクに支局を作ってよかったと言われるように死に物狂いで仕事をする覚悟だ。絶対に世界的な特ダネを取る」と宣言して、現地に赴任した。

ウラジオストクとは

ウラジオストクは人口六〇万人。ハバロフスクと並ぶ極東最大の都市だ。ウラジオストクとはロシア語で「東方を征服せよ」という意味。日本海に面し、風光明媚なところだ。街並みはヨーロッパ風で、住民はロシア人やウクライナ人などスラヴ系が多く、「日本に最も近いヨーロッパ」とも言われる。極東の都市にスラヴ系の人が多いのは、かつてシベリア極東を開発するため、ロシア人の入植やウクライナからの移住が行われたためである。街には坂が多く、「ロシアのサンフランシスコ」という言い方もある。日本との関係も密接で、明治時代から日本人の居留民がいた。一九一八年のシベリア出兵の際に日本はここに司令部を置き、革命直後のロシアに干渉戦争を行った。

このウラジオストクとモスクワを結ぶシベリア鉄道は全長九二八八キロ、寝台特急で七日間の長旅だ。シベリア鉄道はユーラシア大陸の人や貨物の輸送において中心的な役割を果たし、ロシア経済の生命線である資源輸出を担っている。またウラジオストクには太平洋艦隊の司令部があり、町の中心部に面した金角湾には軍艦や潜水艦が並んでいる。ソ連時代は極東の軍事要塞都市と恐れられ、近郊には原子力潜水艦の基地もある。

二〇一六年、この街に注目される施設が次々にオープンした。一月にはサンクトペテルブルグのマリインスキー劇場が進出した。著名な指揮者ワレリー・ゲルギエフが芸術総監督を務め、世界的な水準のオペラやバレエが楽しめるようになった。九月にはロシア最大の海洋水族館が作られ、安倍・プーチン両首脳が開館式に出席した。今後サンクトペテルブルグのエルミタージュ美術館の分館やモスクワのトレチャコフ美術館の分館も設置される予定だ。日本とは経済に加えて文化的な結びつきが強まることが期待される。

頻発する停電

　私がウラジオストクに赴任した一九九二年はソ連が崩壊してロシアになった最初の年で、年間二六〇〇%というすさまじいハイパー・インフレーションに見舞われた。エリツィン大統領が一九九二年一月を期して「ショック療法」と呼ばれる価格の自由化に踏み切ったのだ。その結果、店に商品は出回るようになったが、その反面、猛烈なインフレとなった。当時、ウラジオストクで二〇〇〜三〇〇ドルをロシアの通貨ルーブルに交換すると、小額のお札だと小さなかばんに一杯になった。ハイパー・インフレがどんなものかを身をもって体験した形だが、治安が悪いだけに強盗に襲われるのではないかといつも警戒していた。

　私はここで二年間特派員をしたが、実際住んでみて実感したのはインフラが非常に劣悪だったことだ。特に困ったのはお湯が出ないことだった。ウラジオストクはロシアの他の都市と同様、発電所で沸かしたお湯をパイプでアパートの各家庭に届ける仕組みで、そのお湯が集中暖房や水道、浴室のシャワーに使われている。しかし、そのお湯が出ない。夏は冷たいシャワーを我慢して浴びればよいが、冬はそうはいかない。私はやかんや鍋などでお湯を沸かして体を洗っていた。シャワーも水道管がさびていて茶色い水が出てくる。またしょっちゅう停電になり、ろうそくの生活も体験した。とにかく日常生活を送るうえで電気やお湯がないといった状況は初めてで、本当に大変なところに来たという感じだった。

では一体なぜ停電になるのか？　ここには構造的な問題がある。ウラジオストクでは火力発電所で石炭を燃やして電気を作っている。その石炭は遠く西シベリアからシベリア鉄道で運んでくる。ソ連時代は石炭の値段もシベリア鉄道の輸送費も低く抑えられタダ同然だった。ところが、ソ連が崩壊し、市場経済になって価格が自由化されると状況は一変した。石炭の値段もシベリア鉄道の輸送費も一気に跳ね上がった。この高い石炭と高い輸送費を使って作られる電力は当然コストが高くなる。実際、ウラジオストクの電力料金はロシアで最も高い水準だった。ウラジオストクのある沿海地方は軍需工場が多く、電力をたくさん使うが、ソ連崩壊で国からの発注はほとんどなくなった。また普通の工場も高い電力を使って作った製品は価格が高くなる。アジア諸国から入ってくる安い製品にはとても太刀打ちできず、全く売れなくなった。工場は軒並み操業停止。高い電力料金を払えない。料金が集まらないため、ウラジオストクの電力会社は高い石炭の購入費や高い輸送費を払えない。この悪循環が続き、電力を作ることができなくなり、停電が頻発するというわけだ。現地の日本人会では駐在する日本人向けに会報を発行していたが、「停電と私」という特集が組まれるなど皆がこの停電に苦しんでいた。この構造的な停電地獄は永遠に続くかと思われた。しかし、その後中央政府が補助金を出したり、ロシア極東に巨大な水力発電所が完成したり、極東のガス化事業が進められていることなどから、ウラジオストクの電力事情は今はかなり改善されている。

余談になるが、その後、ウラジオストクから東京の国際部に帰任した際、忘年会の余興でアルバイトの学生に行ったアンケートの結果が発表された。「行きたくない海外支局」のトップ3は何とすべてロシアだった。一位がウラジオストク、二位がユジノサハリンスク、三位がモスクワ。大混乱のロシアの状況を考えれば、そうした反応は無理もなかったとも思える。

爆発的な中古車ブーム

ウラジオストクの住民が経済自由化の恩恵を実感した一番の出来事は、ソ連崩壊後、日本の中古車が大量に入ってきたことだろう。ウラジオストクの港には連日、新潟や富山で積み込んだ中古車を満載した貨物船が横付けされていた。この中古車がウラジオストクをはじめロシア極東の経済を大いに活性化した。ロシアの車は性能が悪く、注文しても手に入るまで何カ月も待たねばならず、すぐに壊れる。それに比べ、日本車は中古といえども、性能が良く、壊れず、よく走る。その日本の中古車がソ連崩壊をきっかけに日本から大量に入ってきたのだ。中古車はロシア極東における日本のイメージ・アップに大きく貢献した。

ウラジオストクはこの爆発的な中古車ブームに沸きかえった。お金はあっても買うものがなかった人々は中古車に殺到した。この中古車は極東の社会のモータリゼーションを加速した。ウラジオストクは地下鉄もなく、バスなどの公共交通機関も発達しておらず、市民は不便を強いられていた。そこへ突然一気に車社会が到来したのだ。中古車は人やモノの移動などウラジオストクの経済の発展に大きな役割を果たした。「〇〇農協」「××商店」などと車体に日本語で書かれた中古車が町を行きかい、人々は何が書かれているのかわからないながらも得意げに運転していた。ロシアでは車は右側通行だが、市民は日本の右ハンドルの車を器用に運転していた。

輸入が増えるにつれ、中古車のビジネスも多様化し、発展してきた。中古車の部品を売る店や修理工場が増えていった。特に人気があったのは四輪駆動車だった。ロシアの道路はデコボコで悪路が多いため、頑丈な車でないとすぐにだめになる。このため、頑丈な四輪駆動車が大人気だった。ただ四輪駆動車は盗難にあう確率が高く、現地に駐在する日本企業では被害が相次いだ。盗まれた車はロシア全国、遠くは中央アジアまで運ばれ、転売されるという。

こうした中古の日本車はソ連崩壊後、ロシアに年間一五万台から二〇万台が輸出され、二〇〇八年には過去最高の五六万台に達した。これは日本の中古車の輸出台数全体の実に四二％を占めるものだ。しかし、この年のリーマンショックと翌年のロシアでの中古車の輸入関税の引き上げによって二〇〇九年の輸出台数は一気に一〇分の一の五万三〇〇〇台にまで落ち込んだ。その後、少し回復したが、二〇一五年と二〇一六年は五万台以下の水準に落ち込んでいる。ウラジオストクにはグリーンコーナーと呼ばれるロシア最大の中古車の青空市場があり、ここで展示販売される中古車はかつて一万台以上にのぼっていた。このほかロシアでは中古車のネット商取引も増えている。ただ最近は経済の悪化や政府の規制強化で中古車販売はかなり厳しい状況に陥り、グリーンコーナーにも空きが目立っているという。

この中古日本車の輸入をめぐっては長年、中央と地方の利害の対立が続いている。ロシア政府は国内の自動車産業の意向を受けて右ハンドル車の使用禁止や輸入関税の引き上げ、最近では安全対策としてロシア独自の通信機器の設置を義務付けるなど何度も規制を強化してきた。これに対して、極東の住民は抗議活動を繰り広げるなど抵抗し、業者は中古車を解体して部品として輸入し、あとで組み立てて関税を安くするなど、あの手この手で規制を逃れてきた。

この中古車問題について思うのは、根本的な問題の解決は先送りしてまず規制に動くというロシア政府のいつものパターンがここにも表れているということだ。ロシアには車を作れる技術や能力がありながら、性能の良い車を安く大量に提供できていないところに問題がある。ロシアで日本の中古車がこれだけブームを呼ぶというのはやはり異常で、政府が自国の自動車産業の根本的な問題を解決せずに中古車の輸入規制ばかりするのは本末転倒だ。日本の中古車ブームはロシア経済のいびつな状況を反映していると思う。

押しよせる中国人

ウラジオストクに駐在していた当時、非常に印象に残ったことの一つはロシア極東に大勢の中国人が押し寄せてきたことだ。ロシアは極東で中国や北朝鮮と国境を接しているが、中国の存在感は圧倒的だ。中国の遼寧省、吉林省、黒竜江省の東北三省の人口はあわせて一億八〇〇〇万人、これに対してロシア極東の人口は六三〇〇万人にすぎない。この中国から担ぎ屋と呼ばれる人たちが衣服などを持ってロシア側に次々に売り込みにやってきた。ウラジオストクなどには中国人の市場（バザール）が開かれ、ロシア人が生活必需品を買っていく。中国人はシベリアの奥深くまで進出し、現地で貴金属や毛皮などを買って中国に持ち帰っていた。

中国との国境にポグラニーチヌイという町がある。人口一万人ほどのこの町にロシア人の住民より多くの中国人が住み着くようになった。私が現地を取材した際には、中国人はロシア人から一軒家を借り、そこに三〇～四〇人が住んでいた。家を持っているロシア人は家賃収入が入るから喜んで貸す。こうして町中にロシア人の人口を上回る中国人が住むようになった。町の商店で売られているのは主に中国の製品だった。現地では中国マフィアとロシア・マフィアの対立も起きていたが、中国語の通訳が少なく、ロシアの警察は混乱を極めていた。今の時代、日本人なら一軒家に数十人も一緒に暮らすのは不可能だろう。中国人のバイタリティを感じる一方で、中国人がまるで浸透圧のようにロシア領内に押し寄せてきている実態を認識させられた。

ソ連崩壊後、ロシア極東は深刻な物不足に直面したが、人々を助けたのはこうして流れ込んだ中国の商品だった。中国はロシアに生活必需品や労働力を提供し、ロシアはエネルギー資源を中国に提供するという形で中ロの経済関係は発展した。また中ロは四三〇〇キロにわたって国境を接していて、中国企業の進出も人の往来も活発だ。一九九〇年代には担ぎ屋が活躍したが、今では国境貿易は鉄道やトラックの輸送など非常に組織化されている。国境貿易の大きな障害だった国境画定問題も二〇〇四年に解決され、中ロの関係発展の重要な契機となった。現地の事情に詳しい富山大学の堀江典生教授によると、現在、ロシア極東における中ロの経済交流は互いになくてはならないほど緊密に結び付いている。人々の交流は日常的なものとなり、かつての中国脅威論も影を潜め、ロシア極東の誰もが隣国中国の存在を日々意識するようになっているという。

放射性廃棄物の海洋投棄

当時ウラジオストクで起きた最大の事件はロシア太平洋艦隊による放射性廃棄物の日本海への海洋投棄だった。ロシア海軍はソ連時代から三〇年間にわたって、老朽化した原子力潜水艦から出た液体や固体の放射性廃棄物、さらに原子炉そのものを日本海や北方のバレンツ海に捨てていた。ロシア極東にはウラジオストク近郊とカムチャツカに大きな原潜の基地がある。そこに老朽化した原潜数十隻が核燃料を積んだまま放置されていた。原潜の核廃棄物はシベリア鉄道を使ってウラル山脈にある工場に集められて再処理されているが、処理施設はすでに満杯状態。財政難のため、新しい施設も建設できず、長年にわたって海に捨てていたわけだ。

私がこの問題に関心を持ったのはウラジオストクに赴任してまもなく、ロシアの大統領府が原子力潜水艦による放射性廃棄物の海洋投棄の実態の調査を始めたというニュースを聞いた時だった。モスクワに行って、大統領府の環境問題の担当者に直接インタビューすると、極東では三〇年間にわたって海洋投棄が行われ、核燃料を積んだまま原子炉を海洋投棄したこともあるという驚くべき事実が明らかになった。

大きな動きがあったのは一九九三年一〇月。私が出張でモスクワにいたところにウラジオストク支局から電話がかかってきた。国際的な環境保護団体グリーンピースが来て至急会いたいと言っているという。私は太平洋艦隊の放射性廃棄物問題の取材でグリーンピースのメンバーと面識があった。翌日ウラジオストクに戻り、話をしてみると、ロシア海軍が太平洋艦隊に対して、停止していた液体の放射性廃棄物の海洋投棄を再開する許可を出したことを、グリーンピースが突き止めたということだった。調べたところ、それは事実で、しかも近いうちに実施されるということだった。

その後天候の悪化で、海洋投棄は何度か延期されたが、最終的に一〇月一六日に行われた。グリーンピースが海上で放射性廃棄物を積んだ海洋投棄船を待ち構え、その船の映像を撮影し、ロンドンの本部に衛星伝送した。その映像はＮＨＫだけがいち早く提供してもらうことで事前に合意ができていた。こうして一〇月一六日の夕方、ＮＨＫは「ロシア太平洋艦隊が日本海への放射性廃棄物の海洋投棄を行った」という衝撃的なニュースを放送した。欧米の通信社はこれを至急電として全世界に配信した。

この問題を取材して思うのは、ロシアが後処理を考えずに、核軍拡競争を行ってきたということだ。核兵器は非常に厄介で、作ってもすぐに老朽化し、管理や処理が非常に難しい。実際には使えない兵器なので、核兵器は持つべきではないし、意味はないとつくづく思った。私たちの報道がきっかけとなって、日本やアメリカがロシアの原潜の解体に資金を出すことになり、ウラジオストク近郊には日本の援助で液体の核廃棄物の再処理施設が作られ、原潜の解体作業が進んでいる。

プーチン時代に飛躍のチャンス

ウラジオストクのあるロシア極東は広大なロシアの最も東側にある地域だ。ロシアの行政区分では極東は沿海地方、ハバロフスク地方、カムチャツカ地方などあわせて九つの連邦構成主体（地方自治体）からなっている。面積はロシア全体の三六％を占めるが、人口は二〇一〇年の調査で約六三〇万人と全体の四・四％しかない。このロシア極東の特徴として、プラスの面では、地理的にアジア太平洋地域に隣接していることと、石油やガス、森林など豊富な天然資源が存在することがある。一方マイナス面としては極寒の地で気候が厳しいこと、国の中心から遠く離れていて人口が希薄なこと、輸送や電力のインフラ整備が遅れていることがある。このように厳しい条件の下、ロシア極東はソ連時代から経済開発が進まず、長く停滞していた。

しかし、ソ連崩壊後、二〇〇〇年代に入ってこの惨憺たるロシア極東に大きな飛躍のチャンスがめぐってきた。それはプーチン政権がシベリア極東を開発する必要に迫られ、本気で開発を進める決断を下したからだ。その背景にはいくつかの理由がある。第一にプーチン時代になって石油価格の高騰が続き、膨大なオイルマネーが流入したことにより、シベリア極東開発につぎ込む資金的な余裕が生まれたことだ。シベリア極東開発はソ連時代からの大きな課題だったが、常に資金不足で掛け声倒れに終わっていた。第二に、ロシアはこれまで西シベリアで生産した石油や天然ガスをヨーロッパに売って外貨を稼いできた、その主力の西シベリアの生産がピークを過ぎて減少に転じ、東シベリアや極東に眠る天然資源を開発することが不可欠になったことだ。第三に欧米諸国が景気後退やロシアとの関係の悪化により、ロシアのエネルギー資源を買わなくなったことだ。

おまけに欧米諸国はウクライナ危機でロシアに経済制裁を科した。さらにアメリカでシエール・ガス革命が起き、エネルギーが供給過剰になり、ロシアのガスや石油が一層売れなくなったことも大きな影響を与えた。第四にシベリア極東の人口流出や経済の悪化を放置すれば、隣接する中国の影響力が強まり、安全保障上大きな懸念があったことがある。

こうしたことからプーチン政権は従来のヨーロッパ重視の戦略を大きく転換することを決断した。それはヨーロッパは引き続き重視しながらも、東の方にも顔を向ける、東シベリアと極東の天然資源を開発し、それを経済成長が著しいアジア太平洋地域の市場に売り込むという新たな戦略である。こうしたプーチンの東方シフトの戦略の中でロシア極東は以前とは比較にならないほど重要な意味を持つようになった。ロシア政府が二〇〇九年に策定した「二〇二五年までの極東およびバイカル地域の社会経済発展戦略」にも、アジア太平洋地域に地理的に近いことと豊かな天然資源があるという有利な条件を生かして、アジア太平洋地域の活力をロシアに取り込む接点として極東を発展させていくという戦略が描かれている。

こうしたシベリア極東の開発とアジア太平洋への進出という戦略はすでに二〇〇四年に表明されている。二〇〇四年五月の年次教書演説でプーチン大統領は東シベリアの資源開発の重要性をこう指摘している。

「石油やガスのパイプラインなどの輸送インフラの整備が国際市場に進出するために必要だ。東シベリアの油田からのパイプラインのコースを決め、ロシア東部へのガス・パイプライン網を拡大すべきだ」。

またプーチンは二〇一二年一二月の年次教書演説では、「二一世紀のロシアの発展のベクトルは東、シベリアと極東にある。これは我々の巨大な可能性だ」と述べ、シベリア極東の開発を最優先の課題だと強調している。

ウラジオストクでのAPEC首脳会議

こうしたプーチン政権の極東開発戦略は大きく二つの段階に分けることができる。第一は二〇〇七年から二〇一二年まで、APEC首脳会議のウラジオストク開催が決まってからそれが開かれるまでのことだ。この期間、政府の大号令でAPEC首脳会議を目標にエネルギー資源やインフラの開発が急ピッチで進められた。第二の段階はAPEC後からこれまで。その特徴は極東開発の方向が大きく変わったことだ。それまでのインフラ開発に代わって、各地に経済特区を作って外資を呼び込み、付加価値の高い製造業を振興して地域の発展を図るという方向に方針転換が図られた。

第一の段階でプーチン政権がシベリア極東開発の柱にしたのがエネルギー開発である。まず原油を運ぶ全長四八〇〇キロもの巨大な東シベリア・太平洋パイプラインが建設された。これはバイカル湖の西のタイシェットとウラジオストク近郊のコジミノを結ぶもので、途中のスコヴォロジノから中国の大慶までの支線が作られている。中国への支線は二〇一一年一月、コジミノまでの全線は二〇一二年一二月にそれぞれ稼働を開始した。JOGMEC（石油天然ガス・金属鉱物資源機構）の調査によると、このパイプラインの原油輸出量は二〇一五年に年間三〇〇〇万トン、大慶支線は年間一五〇〇万トンの能力を達成した。二〇一四年に日本はこのパイプラインの原油の三五・三％を輸入し、第一位だった。しかし、二〇一五年に中国向けの輸出が急増し、中国が四四・二％で第一位となった。日本の輸入量は三〇％だった。

一方サハリンの石油ガス開発プロジェクトでは、サハリン1が二〇〇六年一〇月に原油の輸出を開始、サハリン2は二〇〇八年一二月に原油の通年出荷が始まった。二〇〇九年三月にはサハリン南部のプリゴロドノエに作られた初のLNG（液化天然ガス）の工場からサハリン2のガスを使ったLNGの輸出が始まった。二〇一一年九月にはサハリンからハバロフスクを経由してウラジオストクに至るガス・パイプラインが開通した。

また二〇一四年九月には東シベリアのチャヤンダ・ガス田から中国に供給するガス・パイプライン「シベリアの力」の起工式が行われた。

では今後のエネルギーの見通しはどうか？　ロシアの「二〇三〇年までのエネルギー戦略」によると、原油の生産量は二〇三〇年まで平均で年率〇・四％の緩やかな増産が見込まれている。主力の西シベリアが二〇一五年ごろから減産に転じ、二〇三〇年までに八％減産する見通しだが、一方で東シベリアと極東の産油量が急増する。二〇〇八年に三％だった東シベリア・極東の産油量は二〇三〇年には二〇％に拡大。全体的に西シベリアの緩やかな減産が東シベリア・極東の増産によってカバーされ、原油生産の中心が東にシフトすると想定している。二〇〇八年のロシアからの原油輸出は八〇％が欧州向け、八％がアジア向けだったが、二〇三〇年にはアジア向けのシェアが二二～二五％に拡大すると見込んでいる。

一方天然ガスの生産量は二〇三〇年までに三～四割の大増産を見込んでいる。ロシアのガス生産の九〇％を担ってきたチュメニ州が生産のピークを迎え、二〇三〇年にかけて五割近い減産になる。しかし、北極圏のヤマル半島などでの新規ガス田の生産開始やバレンツ海のシュトックマンの新規生産の開始、それに東シベリア極東での大幅な増産が加わる。天然ガスの輸出量は四三～五一％も増加する見通しだ。欧州諸国に加えて、アジアへの輸出が急増し、アジアのシェアは二〇三〇年には一九〜二〇％になる見込みだ。特徴的なのはＬＮＧの輸出開始だ。二〇〇九年にサハリンのガスを原料とするＬＮＧのアジア向けの輸出が開始され、二〇三〇年にはＬＮＧのシェアはロシアのガス輸出全体の一四〜一五％に達する見通しだ。

変貌するウラジオストク

プーチンはＡＰＥＣ首脳会議のウラジオストク開催を最大限に利用し、極東のさまざまな開発を強力に進めた。ロシアはもともと一九九八年にロシアとの関係改善を目指した橋本龍太郎首相の強い後押しを受けてＡＰＥＣに加盟した。二〇〇七年九月、そのＡＰＥＣのロシアで初めての首脳会議をウラジオストクで開催するというプーチンの決定がソ連崩壊後も混迷を続けてきたウラジオストクの状況を大きく変えることになった。この決定によってウラジオストクはシベリア極東開発の一大拠点として、またアジア太平洋への進出の玄関口として位置づけられるようになった。当時、ウラジオストクをモスクワ、サンクトペテルブルグに次ぐ第三の首都とみなす考えや、冬季オリンピックが開かれる南の保養地ソチと合わせて「南のソチ、東のウラジオストク」というスローガンも聞かれるようになった。

こうした極東開発戦略にそってプーチンやメドヴェージェフなどの指導者は頻繁にシベリア極東を訪れ、経済開発プログラムの進み具合を厳しくチェックした。サミット準備のためにつぎ込まれた建設投資総額は六〇〇〇億ルーブル（一兆一四〇〇億円）に達し、五〇を超える施設が建設され、公共交通・通信網が改修・整備された。たとえば、ウラジオストクには市内とサミット会場のルースキー島をつなぐ長さ三一〇〇メートルの世界一の斜張橋が作られたほか、空港とウラジオストク駅を結ぶ電車、アエロエクスプレスが運行開始されるなど、インフラが改善された。

ウラジオストク。手前が金角湾、正面奥にAPEC首脳会議会場となったルースキー島（2012年4月）［写真：AP／アフロ］

APEC後の新たな戦略

　プーチン政権はAPEC首脳会議のあと新たな戦略でシベリア極東開発に臨むことになった。第一は機構改革で、二〇一二年五月にシベリア極東の開発にあたる新しい省庁として極東発展省がハバロフスクに創設された。そのトップには極東連邦管区全権代表で、長くハバロフスク地方知事を務めた実力者のヴィクトル・イシャーエフが任命された。第二に大胆な人事の刷新である。極東発展相に任命されたばかりのイシャーエフは翌二〇一三年八月に突然解任され、代わって極東連邦管区全権代表にはプーチン大統領の側近のユーリー・トルトネフ元天然資源相が、また極東発展相には企業家団体・実業ロシアの共同議長で、プーチンを支援する社会団体・全ロシア人民戦線中央本部の共同議長アレクサンドル・ガルシカがそれぞれ任命された。トルトネフとガルシカにはともにビジネスの経験があった。人事刷新の背景には極東開発のあり方をめぐる対立があったと見られている。プーチンは極東発展省を新設したものの、極東開発の課題の八〇%が遂行されておらず、その仕事には失敗と責任逃れがあると厳しく批判していた。また政権内には極東開発を極東発展省がリードする形で行うのか、国営企業や公社が携わるのかという路線対立もあった。こうした中で、国家予算から多くの開発資金の拠出を求めるイシャーエフの昔ながらのやり方が今後の極東開発にそぐわないと判断されたのではないかとロシアの新聞は指摘している。日本の専門家によると、実はＡＰＥＣ後の極東開発をどのような方針で行うかは、当初明確な戦略は決まっておらず、この人事が一つの転換点になったという。

こうした中で、二〇一三年一〇月、新任のトルトネフ全権代表とガルシカ極東発展相が打ち出したのが、ロシア極東に付加価値の高い製品を作る企業の生産拠点となる経済特区を設置し、近接するアジア太平洋地域の市場に輸出するという新たな戦略である。これは極東全般ではなく、発展の拠点となる場所を絞り込み、外資を含む民間の投資を導入して、製造業などの企業を誘致し、アジア太平洋地域に製品を輸出して極東の開発を進めるというものだ。二〇一二年のＡＰＥＣ首脳会議まで続いたインフラ整備中心の政策、つまり、国家財政をつぎ込んで広大な極東全体に大規模なインフラ整備をするという従来のやり方を大きく転換し、民間企業による投資を前提とし、採算性があると判断した案件だけを実行するというものだ。

この新たな戦略にそって、「先行発展領域」と呼ばれる新たな経済特区が創設された。この先行発展領域では進出した企業は税負担の免除や軽減、規制緩和などの優遇措置が受けられることになっていて、二〇一七年九月現在、極東には一八の先行発展領域が設立されている。またこの先行発展領域とは別に、二〇一五年一〇月にはウラジオストク自由港という経済特区制度も始まった。これはウラジオストクを中心とする沿海地方の南部一帯に港や空港などの輸送網を整備し、進出する企業に優遇措置を与え、資源以外の輸出産業の育成を目指すものだ。

第二の飛躍のチャンス

こうした中、ウラジオストクにはAPEC首脳会議の開催に次ぐ第二の飛躍のチャンスが訪れた。きっかけは二〇一六年九月にウラジオストクで安倍・プーチンの日ロ首脳会談と国際経済フォーラムが開かれたことだ。これに先立って安倍首相は五月にソチを訪問し、プーチン大統領に対して八項目の経済協力案を示した。これは医療、都市整備、中小企業、エネルギー、極東の産業振興、先端技術などからなっており、日本側はプーチンの年次教書演説などに基づきロシア側のニーズにあわせた経済協力を巧みに提案した。プーチンはこの提案を歓迎し、両首脳は九月にウラジオストクで再び首脳会談を行い、国際経済フォーラムに参加することになった。

こうして行われたウラジオストク会談で安倍は八項目提案を具体化する詳細な計画を

提示し、プーチンは一二月一五日に大統領として一一年ぶりに日本を公式訪問することに同意した。翌日の経済フォーラムで安倍は日ロ両国で極東を開発し、ウラジオストクを太平洋への玄関口にしようと呼びかけた。

「プーチン大統領は国家発展のため最も重要なのはロシア極東地域の開発だと指摘している。ウラジオストクに往年の真の国際都市としての面目を取り戻させたいと思っている。このウラジオストクをユーラシアと太平洋とを結ぶゲートウェイにしようではないか」。

安倍は八項目の協力の進捗状況をチェックするため、毎年ウラジオストクで首脳会談を行うことを提案し、プーチンもこれに同意した。このようにウラジオストクは一連の日ロの首脳交渉で重要な役割を担うことになった。

その三カ月後の一二月。二日間にわたって日本を公式訪問したプーチン大統領は安倍首相との間で「八項目の経済協力プラン」に基づき、あわせて八〇件の事業を推進することで合意した。内訳は政府間で一二件、民間レベルで六八件で、対ロ投資は三〇〇〇億円規模にのぼる。その主なものは丸紅がガス生産企業「ノヴァテク」が進める北極圏のギダン半島のガス田開発に協力すること、三井物産と三菱商事などがサハリンで進める「サハリン2」のLNG生産基地を増設すること、政府系ガス企業「ガスプロム」に対して三井住友銀行やみずほ銀行などが融資を行うこと、ロシア側が東京電力福島第一原発の廃炉を含めた原子力の平和的な利用に協力することなどだ。ロシアが重視する極東開発や医療分野でも合意があった。日揮がハバロフスクの野菜工場を拡張し、ウラジオストクでリハビリ施設を建設すること、双日がハバロフスク国際空港に新旅客ターミナルを建設・運営すること、丸紅がハバロフスク地方のワニノ港で石炭搬出設備を建設することで合意した。

環日本海経済研究所の新井洋史調査研究部長によると、ロシア側が日本に期待しているものは少なくとも三つあるという。一つはロシア極東への投資や融資で、特に製造業の進出に期待している。第二に日本市場への売り込みだ。これまでロシア極東の資源を日本に輸出してきたが、今後はこれらの資源を加工して付加価値を付けた製品を日本に売り込みたいと考えている。第三に日本の技術支援への期待である。ロシアは資源を加工して競争力のある製品を輸出するために、高度な加工技術を必要としている。

今後の課題

ロシア極東開発は以上のような二つの段階を経て行われてきたが、では今後の見通しはどうか？　大きな問題があり、前途は楽観できない。第一に極東開発の国家プログラムを支える連邦予算が大幅に削減される見通しであることだ。背景には石油価格の低迷やウクライナ危機による欧米からの経済制裁、併合したクリミアの開発に伴う財政難で、極東開発の特にインフラ整備に関わる費用は大幅に減る見通しだ。ある日本の経済専門家は、ロシア極東の開発は経済的にもともと無理があり、ロシア政府が自分で予算を出さずに、原理的に自分でできないことを外国に振ろうとしているところに大きな問題があると指摘している。

第二の問題は経済特区構想に関わるものだ。プーチン政権はロシア極東に経済特区を設置し、企業を誘致してその製品をアジア太平洋地域に輸出するという戦略を描いている。しかし、計画は始まったばかりで、進出しているのは主にロシア企業だ。今後はいかに国内外の投資を呼び込んで、高付加価値で競争力のある製品を作れるのかが問われることになる。またアジア太平洋地域の市場では日本や中国、韓国の企業が激しい競争を繰り広げているだけにロシア企業が勝ち抜いていくのは容易なことではない。

ロシア極東は日本から一番近い隣国であり、資源の供給源であるこの地域が安定的に発展していくことは日本にとっても非常に重要だ。問題は人口が少なく、市場としても小さいことだ。日本からの交通ルートも限られていて、近い割に遠い国となってしまっている。一方、ロシア極東では貿易や人の交流で中国が圧倒的な存在感を示している。日ロの交流はそうしたレベルには遠く及ばない。プーチン政権は中国経済をうまく利用して極東の発展に結び付けようとしている。しかし、中国一辺倒になるのは安全保障の観点からも望ましくない。日本の協力も得てバランスをとりながら極東開発を進めたいと考えている。また中国経済の減速化によって中国からの投資が大きく減っており、これが日本との経済協力への大きな期待につながっている。

極東開発の中心ウラジオストクはソ連崩壊から二五年以上たち、見違えるような変貌を遂げた。それでも隣の中国の地方都市に比べれば見劣りするのが現状だ。ただロシアが経済危機に直面していても、プーチン大統領の極東重視の姿勢は変わっていない。ウラジオストクをはじめとするロシア極東がこの飛躍のチャンスを生かし、アジア太平洋への玄関口として発展できるのか、非常に重要な局面を迎えている。

第九章　協調か対立か　変わる対外認識

冷戦終結から二五年たった二〇一四年、世界を震撼させたウクライナ危機が起きた。欧米諸国はクリミアを併合したロシアに経済制裁を科し、米ロ関係は新たな冷戦とも言われるほど悪化した。これを機に冷戦後の世界は米ロの協調から対立へと決定的に変わったと言われる。ロシアでは欧米の制裁に反発し、愛国主義やナショナリズムが高まっている。

ロシアは歴史的にも欧米との関係をめぐって協調と対立との間を揺れ動いてきた。一八世紀のピョートル大帝の時代に国家的なレベルで西欧化が進められ、一九世紀にはヨーロッパに追い付こうとする西欧派とロシアの独自性を強調するスラヴ派とが激しく対立した。

同じような外交政策の揺れは今のロシアにも見ることができる。ソ連崩壊後、国力が弱体化したロシアは欧米に支援を求め、アメリカ一辺倒の外交を進めた。しかし、市場経済化によるすさまじい混乱やNATOの拡大などで人々の間には欧米に対する不信感が一気に強まった。

二〇〇〇年代に入り、プーチン大統領は同時多発テロ事件をきっかけにアメリカのテロとの戦いに協力し、再び欧米との協調路線に舵を切った。ところが協力への見返りはなく、アメリカはロシアの利益に配慮しようとはしなかった。これに反発したロシアは自らの国益を自覚し、欧米とは異なる独自の道を歩むようになった。ウクライナ危機をめぐる米ロ対立の背景にはNATOの拡大などアメリカに対する長年の大きな不満があった。こうした中でロシアはアメリカによる一極支配を否定し、新しい国際秩序の構築を求めている。

協調か対立か。同じ国、同じ指導者なのに欧米諸国に対するロシアの対応がこれほど極端に揺れるのはなぜなのか？　ロシアの指導者や人々は欧米との関係をどのように認識してきたのか？　この章ではこうしたロシアの外交政策をロシアの対外認識の移り変わりという視点から考えてみたい。

スラヴ派と西欧派の対立

ロシアはヨーロッパとアジアにまたがる巨大なユーラシア国家だ。ロシアは同時に西と東に位置し、別々の文明に接している。そこにあるのは二重性だ。ロシアの国章は双頭の鷲で、この鷲は西も東も見ている。この国章はロシアの内的な二重性と矛盾を反映している。この二重性はロシアには国の発展の道について二つの異なる見方があることにも現れている。一九世紀半ばのロシアにはスラヴ派と西欧派という二つの敵対する哲学的、精神的な潮流が生まれた。知識人の間ではロシアがどこに行くべきかについて意見が対立した。

スラヴ派はロシアの独自性やその特別な道を主張した。彼らはロシア正教の特殊性と偉大な価値を主張し、正教をカトリックに対置した。国民と皇帝（ツァーリ）とは特別な関係があり、それはヨーロッパとは違ってロシアにクーデターも蜂起もない平静な生活を保証すると主張した。またスラヴ派はピョートル大帝の西欧化政策についてロシアに西側の有害で腐敗した影響を持ち込んだと批判した。そしてピョートル以前のロシアに立ち返ることで社会の一体性を回復すべきだと訴えた。

これに対して、西欧派はロシアの独自性をヨーロッパから遅れていることの原因とみなした。ロシアは二四〇年にわたるモンゴルの支配によって発展が妨げられ、ヨーロッパから遅れるようになったと考えた。また西欧化を進めたピョートル大帝を評価し、彼のおかげでロシアが何世紀にもわたる後進性から文明への動きを始め、世界の中で自分の地位を占めるようになったと主張した。専制と農奴制の危機については、立憲制の導入や農奴制の廃止を含む上からの改革によって平和裏に解決することを望んだ。

スラヴ派と西欧派が対立したこの時代、ロシアの社会でも対外的なものの受け止め方は大きく異なっていた。一般の民衆は保守的で、伝統的に外の世界を敵対的なものと見なしていた。彼らは革命思想を広めるため農村にやってきた都市の知識人（ナロードニキ）を外の世界の人間だとして受け入れなかった。一方、貴族や上流社会の人々はピョートル大帝の西欧化によるヨーロッパの影響を強く受けていた。彼らは日常的にロシア語ではなくフランス語を話し、ヨーロッパ風の教育や文化に慣れ親しんでいた。彼らにとって欧米の世界は異質なものではなかった。スラヴ派と西欧派。この二つの潮流の議論はソ連崩壊後の今のロシアでも消えてはいない。

国際協調を進めたゴルバチョフ

ソ連時代、西欧派の代表的な存在は改革ペレストロイカを進めたゴルバチョフ書記長である。彼は核廃絶などイデオロギーにとらわれない全人類的な価値に基づく新思考外交を掲げ、西側との協調を目指した。その結果、米ロ関係は劇的に改善され、一九八九年一二月、ブッシュ・ゴルバチョフ両首脳は冷戦の終結を宣言した。一方、ゴルバチョフは東欧諸国に対しても自由化や民主化を促し、独自の道を認めた。一九八九年一一月にはベルリンの壁が崩壊。それから一年足らずの間に東西ドイツの統一が実現した。このようにゴルバチョフ時代にはソ連と欧米との関係は長年の対立から協調へと大きく転換した。

ゴルバチョフが西側との協調に舵を切った背景には硬直した共産党体制のもとでソ連の経済や社会が停滞し、危機的な状況に陥っていたことがある。ゴルバチョフは核軍縮で軍事費を削減し、西側と平和な国際環境を築くことで国内の立て直しに全力をあげる必要があった。人々はこうしたゴルバチョフの国際協調路線を支持し、冷戦終結で新たな時代の到来を期待した。一方でドイツ統一を容認したことやソ連の崩壊を招いたことなどについて、「西側に一方的に譲歩した」などと、当時も今もゴルバチョフは保守派や一般市民からも厳しい批判を浴びている。

ソ連崩壊後

ソ連崩壊後、ロシアではエリツィン大統領のもと西側との協調を目指す西欧派的な動きが加速した。人々は市場経済や民主主義を導入すれば一気に西側のような自由で豊かな社会になれると信じていた。アメリカへの急接近はエリートだけではなく、国民のかなり広い層の願いでもあった。ロマンティックな一九九〇年代。人々は共産党体制の崩壊のあとすべては可能だと信じたのだ。社会の振り子は西側の方向に大きく振れ始めた。

市場経済化に踏み出したエリツィン政権は欧米諸国から財政支援や改革への支持を取り付ける必要に迫られていた。一九九二年二月、エリツィンはアメリカを訪問し、ブッシュ大統領とともに両国が友好とパートナーシップの新しい時代に入ったことを宣言した。両首脳は共同宣言で、今後の米ロ関係について両国は相手をもはや敵とは見なさないと述べ、その関係は相互信頼や民主主義、経済の自由に基づくと特徴づけた。また両国は戦略核兵器の削減を含む冷戦期の敵対関係のあらゆる残滓を取り除くと定めた。ソ連時代のような平和共存ではなく、双方が共通の民主的な価値観に基づいて協力することを宣言したのだ。

この首脳会談はドミノ効果を引き起こした。一九九三年には米ロの第二次戦略兵器削減条約（START2）が調印された。条約は両国の戦略核弾頭数を三分の一に削減することなどを定めている。この年、ロシアは化学兵器禁止条約に参加した。一九九四年には早期にドイツから軍部隊の撤退を完了させた。やはり同年、ロシアはNATOの平和のためのパートナーシップ枠組み文書にも署名した。エリツィン政権は将来ロシアがNATOに加盟する可能性を否定しなかった。こうした西側との協調外交は新生ロシアの誕生以来、外相を務めたアンドレイ・コーズィレフが推し進めたもので、「欧米協調主義、大西洋主義」と呼ばれた。ロシアと西側との関係は著しく改善され、西側はロシアを脅威とみなすことをやめ、世界のチームの一員と見るようになった。

対米協調から対米強硬路線へ

こうしたアメリカ一辺倒の外交は一九九二年末ごろまで続いたが、一九九三年以降はロシアの国益を擁護する路線に軌道修正された。一九九四年二月、エリツィン大統領は年次教書演説で対米協調路線を一変させ、国益の擁護を重視する姿勢を打ち出した。エリツィンはこの演説で、「対外政策の重要課題はロシアの国益を首尾一貫して推進することだ」と述べ、「合法的な国益の擁護のために必要ならロシアは適時に断固かつ強硬に行動する権利がある」と強調した。またこの演説でNATO拡大に反対する姿勢を初めて公式に打ち出した。

当時ロシアではアメリカ主導の市場経済化が行き詰まり、反米感情が高まり、スラヴ派的なムードが広まり始めていた。暮らしが一気に悪化し、混乱が広がったことで、人々の間には大きな挫折感や失望感が強まった。外交路線の軌道修正が行われたのはこうした時期と一致している。その背景にはロシアが国益を自覚し、西側と友好関係を深めることに疑念を強めたことがある。西側の指導者はロシアの友好的なアプローチを歓迎したが、誰もロシアやエリツィンのために自国の利益を譲らなかった。しかも、ロシアが示した譲歩や妥協は弱さの表れと受け止められた。

一九九六年、コーズィレフに代わって、老練なエヴゲニー・プリマコフが外相に就任した。プリマコフは欧米諸国や旧ソ連諸国に加えて、中国やインドなどアジア諸国も重視する全方位外交を繰り広げた。ロシアはヨーロッパとアジアにまたがるユーラシア国家だという認識が強調されるようになった。一方、欧米諸国との関係はNATOの拡大をめぐって悪化した。アメリカのクリントン政権はNATOの東方拡大に積極的な姿勢を示した。ロシアは反対しても拡大を食い止める手立てがないことはわかっていた。こうした中で、ロシアの反対を和らげるため、一九九七年五月、「NATO・ロシア基本文書」が調印された。NATO・ロシア常設合同理事会が設置され、NATOの本部のあるブリュッセルにロシアの大使が常駐することになった。六月、エリツィンはデンバーでのG7サミットに出席し、G7にロシアを加えてG8とすることが合意された。これはクリントンのイニシアチブによるもので、ロシアをG7に加えることでロシアを懐柔する狙いがあった。こうして一九九九年三月、NATOに新たにチェコ、ハンガリー、ポーランドの旧東ヨーロッパ三カ国が加盟し、NATOの第一次東方拡大が実現した。

転機のユーゴスラビア空爆

そのロシアで反米感情が一気に強まり、スラヴ派的な機運が高まるきっかけとなったのが、一九九九年三月に始まったロシアの同盟国ユーゴスラビアに対するNATO軍の空爆だった。NATOは第二次世界大戦後初めてヨーロッパでスラヴ民族に対して軍事作戦を行った。これはロシアに大きな衝撃を与え、西側への見方を根本的に変え、国益について真剣な見直しを迫ることになった。最近までロシア人が感嘆し、劣等感を抱い

アメリカ大使館前で抗議する人々。「セルビアから手を引け!」などのメッセージが掲げられている(1999年3月25日)[写真:ロイター/アフロ]

ていた欧米先進国の軍が二〇世紀末にヨーロッパのユーゴスラビアの首都を爆撃したという事実そのものがロシア人の意識を瞬間的に変えた。「我々の兄弟のスラヴ民族が爆撃されている」。ロシアの中間層の多くはそれまで欧米の車を愛し、民主的な価値観を共有していたが、多くの人が怒りと困惑にかられてモスクワのアメリカ大使館に押し寄せた。彼らは大使館にカラーのインクが詰まったコンドームやペンキの入った容器を投げつけた。大勢の人が市内の環状線を車で走り、クラクションを鳴らして抗議の意思を示した。人々の乱暴なふるまいにもかかわらず、ロシアではこうした行為は全面的な理解と支持を得た。

社会と同様にエリツィン政権も空爆に否定的に対応した。それを象徴するのがプリマコフ首相が空爆に抗議してアメリカ訪問に向かった飛行機を大西洋上でUターンさせた出来事だった。当時西側との関係において信じられないほどすべてのロシア人の意見が一致した。兄弟国ユーゴスラビアの国民が爆撃され、ロシア人はアメリカを否定的な感情をもって見つめた。これは上からの世論操作やプロパガンダではなく、純粋な形で表明された人々の真の感情だった。

NATOの拡大とユーゴスラビアへの空爆のあと、エリツィンが一九九〇年代初めに示した譲歩や妥協への逆戻りはもうなかった。「西側は我々のことを何も考慮していない」。エリツィン政権では怒りが支配した。ロシアの外交は新しい局面に入った。自分の国益を決め、自覚し、世界にそれをはっきりと宣言する時が来た。

揺れ動いたエリツィン外交の背景

このようにエリツィン政権の外交は当初の親米一辺倒から国益重視、全方位外交、そして対米強硬路線へと大きく揺れ動いた。同じロシアという国で、しかも同じエリツィンという指導者のもとで外交政策がこれほど大きく変わったのはなぜなのか？

まず時代的な背景がある。一九九〇年代のエリツィン時代は東西の冷戦の終結、超大国ソ連の崩壊、アメリカの一極支配などを受けて国際情勢が激変した。ロシアは国力が弱体化し、国際舞台で影響力を失い、二流の国に転落した。こうした中でエリツィンが市場経済化で混乱を極めた国を救うため、当初アメリカ一辺倒の外交を進めたのは他に選択肢がなかったからと言える。

第二に政府や人々の対米認識が大きく変わったことがある。当時はロシアの人々も共産党体制がようやく終わり、近いうちに西側への仲間入りができると信じていた。市場経済化を主導したアメリカがそれを助けてくれると期待していた。しかし、実際はそうではなく、期待は裏切られた。アメリカは急激な市場経済化に伴って困窮化した人々の痛みを無視し、ひたすら資本主義制度への移行を優先した。アメリカは助けてくれず、アメリカを頼っても無駄だということを人々は悟った。国際社会でもロシアは一方的に譲歩を強いられ、アメリカはロシアの利益を無視した。ロシアは国際社会から施しを受ける立場となり、かつてアメリカと対等の超大国だった人々の誇りは大きく傷つき、屈辱を味わった。そうした中で、かつての敵の象徴ＮＡＴＯの拡大や同盟国ユーゴスラビアへの空爆が積もり積もっていたロシアの人々の怒りや反米感情に火をつけた。こうした時代背景や指導者や人々の対米認識の変化がエリツィン外交の大きな転換の背景にあると言える。

プーチン、反米から協調に転換

対米協調から強硬姿勢に転じたエリツィン。その後継者プーチン大統領の外交政策も当初、対米強硬路線だった。アメリカの一極支配に反対し、多極世界を目指すことを掲げ、外交の最優先課題はアメリカのミサイル防衛構想を阻止することだった。二〇〇〇年七月、プーチンは中国と北朝鮮を訪問し、アメリカをけん制した。中国とはアメリカのミサイル防衛構想に強く反対する共同声明を発表。ロシアの最高首脳として初めて訪問した北朝鮮ではキム・ジョンイル総書記から条件付きながらもミサイルの自主開発を断念する可能性を示唆する発言を引き出した。その後初めて臨んだ沖縄でのG8サミットでプーチンは北朝鮮カードをフルに利用して、アメリカのミサイル防衛構想の中止を強く迫った。こうしてプーチンはアメリカの一極支配に反対する手ごわい指導者であることを内外に強く印象づけた。

しかし、翌二〇〇一年、プーチンは一転してアメリカとの協調路線に転換した。きっかけは九月一一日にアメリカで起きた同時多発テロ事件だった。プーチンは事件の後ただちにブッシュ大統領に電話をかけ、「我々はアメリカとともにある」と哀悼と連帯の意を伝えた。プーチンからの電話はブッシュがG8首脳から受けた最初の電話だった。プーチンはこのあとロシアがどのような対応を取るべきか詳細に検討し決断した。それはアメリカのテロとの戦いに全面的に協力するとともに、西側との関係を抜本的に改善するという大胆なものだった。第一のテロとの戦いへの協力について、プーチンは軍部の反対を押し切って、アメリカのアフガニスタン攻撃のため、ロシアの裏庭の中央アジアにアメリカ軍が駐留することを認めた。これによってアメリカ軍がアフガニスタンにいる国際テロ組織アルカイダやイスラム原理主義のタリバンを抑え込むことを期待した。またプーチンは「同時多発テロもロシアのチェチェン侵攻も同じテロとの戦いだ」として、人権侵害だと西側から批判されてきたロシアのチェチェン政策に欧米から支持を取り付けることをもくろんだ。

第二の西側との関係を抜本的に改善することについて、プーチンはこれをきっかけにG8の正式メンバー入りやWTO（世界貿易機関）への早期加盟を目指すこと、西側の仲間入りを果たし、世界的な問題の決定のプロセスに参加すること、こうして西側に統合することでロシアの世界における地位や発言力を高めていくことを決断した。同時多発テロに対するロシアの対応の背景にはこうした大胆で野心的な狙いがあった。

プーチンは同時多発テロのあと、ドイツを訪問して議会でドイツ語で演説し、「ロシアとアメリカは同盟国であり、ロシアは確固としてヨーロッパを選択した」と宣言した。翌二〇〇二年五月、プーチンはNATO特別首脳会議に招かれた。新しい意思決定機関「NATOロシア理事会」が創設され、冷戦時代から敵対していたNATOとの協力関係が強まった。また六月のG8首脳会議ではロシアのG8の正式メンバー入りが決まった。ロシアは西側の仲間入りを果たしたのである。

ロシア国内では石油価格の高騰でオイルマネーが流れ込み、好景気にわいた。ロシアには西側の企業が相次いで進出し、人々もヨーロッパに海外旅行に出かけるなど西側との関係改善を実感した。二〇〇六年にはG8の正式メンバーとなったロシアが初めて議長国を務めるG8サミットがサンクトペテルブルグで開かれ、人々は大国ロシアの復活を目の当たりにした。さらに二〇〇七年にはロシア南部のソチで二〇一四年に冬季オリンピックが開かれることが決まり、人々はソ連崩壊で失った自信を取り戻した。

衝撃のミュンヘン演説

　ところが、二〇〇一年の同時多発テロでロシアが国際協調に舵を切ってから六年後の二〇〇七年二月、プーチンは衝撃的な対米非難演説を行った。それはドイツのミュンヘン安全保障会議で行ったもので、プーチンは冷戦時代のような厳しい調子でアメリカの一極支配を直接的に批判した。

「たった一つの国だけが権力を持ち、武力を行使し、決定を下す。今の世界でそうした一極支配はとうてい受け入れられず、全く不可能だ。このモデルは機能せず、現代文明の倫理的・精神的な基礎にもなりえない。今世界で起きているすべてのことはまさにこの一極支配の構想を世界に適用する試みの結果である。誰がこれを気に入るだろうか？」

　プーチンはアメリカの一極支配のほか、アメリカがヨーロッパに配備しようとしているミサイル防衛システムを厳しく批判した。これは冷戦終結後、ロシアの指導者が行った最も厳しい対米非難演説であり、米ロ関係が協調から再び対立に転じたことをはっきりと示すものだった。ロシアの著名な国際政治学者ドミトリー・トレーニンはこのロシアの外交政策の転換について、「ロシアはそれまで回っていた欧米の軌道を外れ、自らの銀河系の創設に乗り出した」と表現している。プーチン演説は世界の指導者やメディアを動揺させた。「ロシアはこれまでの外交路線を変えようとしている。ロシアの熊が戻ってきた」と受けとめられた。

再び対立に戻った背景

プーチンが再びアメリカとの対立に転じたのは一体なぜなのか？　実はアメリカのテロとの戦いに協力し、それをきっかけにロシアを国際社会に統合しようとしたプーチンの戦略がことごとく裏目に出たのである。

関係悪化の背景には多くの理由がある。まず一極支配を強めたアメリカがテロとの戦いに協力したロシアの利益や主張に配慮しなかったことがある。冷戦後、ロシアは弱体化し、国際的な影響力を失ったが、プーチン政権になって国力を回復し、自信を取り戻した。これに伴ってロシアは外交面で守りから攻めの姿勢に転じ、自立した国益重視の外交を行うようになった。しかし、アメリカはそうしたロシアの意向に注意を払わなかった。

例えばイラク戦争。同時多発テロのあと、二〇〇三年にアメリカはイラクが大量破壊兵器を保有しているとして一方的に軍事攻撃に踏み切った。ロシアやフランス、ドイツはイラクが大量破壊兵器を持っている証拠はないと強く反対したが、アメリカは聞き入れなかった。戦争終結後、大量破壊兵器の捜索が行われたが、見つからず、結局アメリカは誤った情報に基づいてイラクに軍事介入したことが明らかになった。

またNATOの相次ぐ拡大もロシアを強く刺激した。NATOは冷戦終結後、一九九九年、二〇〇四年、二〇〇九年、二〇一七年と四度にわたって東方に拡大した。バルト三国やチェコ、ハンガリー、ポーランドなど旧ソ連諸国や旧社会主義諸国が次々に加盟したばかりではなく、反ロシアのウクライナやグルジアもNATO加盟を目指している。ロシアはソ連崩壊やワルシャワ条約機構の解体で脅威はなくなったのに、なぜNATOを拡大するのか疑問視してきた。またロシアにとって、これは今後NATOを拡大しないという冷戦終結時の欧米首脳の約束を破るもので、安全保障上の重大な脅威と受け止めた。

アメリカがヨーロッパに配備したミサイル防衛システムもロシアの強い反発を招いた。ミサイル防衛問題はソ連時代から両国の対立の火種となってきた。レーガン大統領が打ち出したソ連の核ミサイルをレーザーで撃ち落とすSDI（戦略防衛構想）、いわゆるスターウォーズ構想をめぐっては一九八六年のレイキャビクの米ソ首脳会談が決裂する原因にもなった。プーチンが協調路線に転じたあとも、ブッシュ大統領は二〇〇一年一二月、弾道弾迎撃ミサイルの配備などを制限したＡＢＭ制限条約を一方的に破棄したのに続いて、ヨーロッパへのミサイル防衛システムの配備を進めた。アメリカはイランの核開発を理由にしているが、ロシアはこれはロシアの核ミサイルの無力化を狙ったものだと強く反発している。

このほか旧ソ連諸国で相次いだ民主化革命をめぐっても米ロは対立した。特に二〇〇四年のウクライナのオレンジ革命では大統領選挙のやり直しの決選投票で親ロシア派の与党候補ヴィクトル・ヤヌコーヴィチ首相が敗れ、ロシアは大きな打撃を受けた。アメリカは民主化革命がウクライナの自由と民主主義を促したと主張する。しかし、ロシアは、オレンジ革命の背後にいたアメリカが民主化支援を名目に介入し、ウクライナの既存の体制を覆そうとしたと強く批判している。

二〇〇八年のロシアとグルジアとの軍事衝突も米ロ関係の悪化を招いた。これはグルジア軍が分離独立を目指す南オセチア自治州を攻撃したのをきっかけに両国が軍事衝突したもので、わずか五日間でロシアの圧勝に終わった。メドヴェージェフ大統領は軍事介入を正当化する理由として、南オセチアにいるロシア系住民の保護とロシアの勢力圏を守ることの二つをあげた。この勢力圏を守るというのは、かつてソ連が東ヨーロッパに軍事介入した際の論理をほうふつさせるもので、ロシアがソ連崩壊で失った勢力圏の回復に乗り出したことをうかがわせた。

リセットのあと再び対立へ

このように米ロ両国はさまざまな問題をめぐって対立したが、二〇〇九年にアメリカにオバマ政権が発足すると、関係はリセットされ、いったんは改善に向かった。メドヴェージェフ大統領はエネルギー一辺倒の経済を再建するため近代化政策を打ち出し、欧米に接近するという西欧派的な政策を進めた。失効した第一次戦略兵器削減条約（START1）に代わって、新たな条約（新START）が調印された。またメドヴェージェフはアメリカを訪問し、オバマと一緒にハンバーガーを食べ、米ロ協調のパフォーマンスを繰り広げた。モスクワ近郊のスコルコヴォにはロシア版のシリコンバレーが作られた。

しかし、二〇一二年、プーチンが大統領に復帰すると、米ロ関係は再び対立が深まった。二〇一一年末、選挙の不正をきっかけに起きた大規模な反政府抗議デモをプーチンが弾圧したことをアメリカは非難した。これに対して、プーチンはアメリカが抗議デモをあおり、アラブの春などの民主化革命をロシアに波及させようとしていると反論した。

二〇一三年六月に起きたスノーデン事件も米ロ関係を悪化させた。エドワード・スノーデンはアメリカの国家安全保障局（NSA）や中央情報局（CIA）の元職員で、欧米の新聞に対してNSAによるアメリカ内外での盗聴や情報収集活動の実態や手口を暴露した。香港に滞在していたスノーデンはモスクワに移動して空港にとどまった。アメリカは彼のパスポートを失効させ、ロシアに彼の逮捕を求めたが、ロシアは司法権が及ばないとして拒否し、ロシアへの一時滞在を認めた。スノーデンの告発でアメリカ政府は市民の個人情報の収集やドイツなど海外の同盟国の盗聴も行っていたことなどが明らかになり、事件は米ロの対立を強める結果となった。

プーチンとオバマの関係をさらに悪化させたのが、シリアの化学兵器による攻撃をめぐる問題だった。きっかけは二〇一三年八月、シリアの首都ダマスカス近郊で化学兵器が使用され、大勢の犠牲者が出たことだ。オバマはこれはアサド政権によるもので一線を越えたと非難し、軍事介入に踏み切る姿勢を示した。これに対して、プーチンはアサド政権に化学兵器の廃棄を提案。米ロはアサド政権に化学兵器を完全廃棄させることで合意し、アメリカの軍事介入は回避された。オバマはこぶしを振り上げたものの梯子をはずされ、プーチンに面子をつぶされた形となった。

アメリカがシリア攻撃を取りやめた翌月、世界におけるアメリカの役割についてオバマとプーチンの考えの違いが鮮明になった。オバマは九月一〇日、シリア問題について国民に向けて演説し、アメリカの理想や原則、安全保障、世界におけるリーダーシップがシリアで問われていると述べた。そして、「アメリカは世界の警察官ではない。恐ろしいことが世界中で起きるが、すべての誤りを正すのは分不相応だ。しかし、私は我々は行動すべきだと信じる。それがアメリカを特別のものにしている。それが我々を例外的なものにしている」と述べ、シリアへの軍事攻撃は取りやめたものの、引き続きシリア情勢に関与していく姿勢を強調した。これに対して、プーチンは九月一一日、ニューヨークタイムズ紙に寄稿し、オバマが述べたアメリカの「一国例外主義」に反論した。この中でプーチンは「動機が何であれ、アメリカ国民に自分は特別だと思わせることは非常に危険だ」と批判し、大国も小国も富める国も貧しい国もすべて異なっているが、皆平等だと主張した。プーチンとオバマの間の溝はさらに深まった。

ウクライナ危機で米ロ対立の時代へ

こうした米ロの対立を決定的なものにしたのがウクライナ危機だった。二〇一四年二月、ウクライナで政変が起き、親ロシア派のヤヌコーヴィチ政権が崩壊した。ロシアは三月、ウクライナのクリミア半島を併合し、ロシア系住民が多く住むウクライナ東部を影響下に置いた。欧米諸国はクリミア併合は力による現状変更であり、国際法違反だと非難し、ロシアに経済制裁を科し、G8からロシアを排除した。米ロ関係は新たな冷戦と言われるほど悪化した。しかし、ロシアは米ロ関係が悪化したのはウクライナ危機によるものではなく、米ロ関係はウクライナ危機のずっと前から悪化していたと主張する。NATO拡大などアメリカがロシアの利益を無視し続けてきたことの結果であり、ウクライナ危機は米ロ関係でくすぶっていたものが表面に出ただけだというのだ。

ゴルバチョフ時代からエリツィン時代、そしてプーチン時代の初めに米ロは接近し、協調してきた。二〇〇一年一一月、同時多発テロのあと初めてアメリカを訪問したプーチンはテキサス州のブッシュ大統領の牧場に招かれ、一緒にバーベキューを楽しんだ。翌日プーチンはブッシュとともに地元の高校を訪れ、ロシアがアメリカの友人の民主国家に変貌したと強調した。今アメリカを厳しく批判しているプーチンがこれと同じ人物だと信じることは難しい。ゴルバチョフ、エリツィン、プーチンが多くの譲歩や妥協をしたにもかかわらず、西側はロシアとの統合に真の関心を示さなかった。ロシアは欧米との平等のパートナーとは認められず、ロシアに提案されたのはジュニア・パートナーの地位だった。

確かにロシアは西側を落胆させ続けた。石油や天然ガスに依存し、経済改革や近代化は進まなかった。プーチン政権下では強権政治が強まり、民主主義が後退しているとアメリカは非難した。石油最大手ユーコスのホドルコフスキー社長の逮捕やチェチェン武装勢力による北オセチアの学校占拠事件におけるロシアの対応も人権侵害だと強く批判された。

いずれにしても、冷戦終結後、浮き沈みはありながら、ともかくも協調関係が続いてきた米ロ関係はウクライナ危機で決定的に対立へと転換した。ロシアの国際政治学者トレーニンは、「ウクライナ危機によって歴史の一つの章が終わった。これまでの協調関係から対立・競争の時代に変わった。ロシアと欧米との関係は質的に一線を越えてしまった。これはもう戻らないだろう」と指摘している。

新たな国際秩序の構築を

欧米との協調から対立に決定的に方針を変えたロシアは今、アメリカの一極支配を否定し、新たな国際秩序を築こうとしている。これは二〇〇七年のプーチンのミュンヘン演説を発展させたもので、その後プーチンは二〇一四年一〇月の国際会議ヴァルダイ・

クラブでの演説や二〇一五年九月の国連演説などで具体的な構想を明らかにしている。それによると、アメリカは一極支配の下、世界のあらゆる出来事に干渉し、自分の考えを押し付け、制裁を科し、一方で自国だけは例外だという態度を取っている。こうした政策のおかげで世界の安全保障システムは崩壊し、中東やウクライナで政変が相次ぎ、テロが起きている。プーチンはこのようにアメリカの一極支配を厳しく批判した。そして世界の紛争を防止するために、一極支配に代わる多極世界のような新たな国際秩序を構築するよう主張している。

　この構想の背景には二つの思惑がある。一つはソ連崩壊で失った勢力圏を取り戻すことだ。ロシア系住民の多く住むクリミアを併合し、ウクライナ東部を勢力圏に置こうとしている。またロシアはグルジアとの軍事衝突では南オセチアとアブハジアを実効支配した。二〇一五年には旧ソ連諸国の経済統合を目指して、ロシアなど旧ソ連五カ国によるユーラシア経済同盟を結成した。旧ソ連第二の大国ウクライナが入っていないため、この経済同盟がどれだけ機能するか疑問だが、とにかくプーチンはこれを将来的にEUのようなユーラシア連合に発展させたい考えだ。またプーチンは二〇一六年六月、ユーラシア経済同盟に中国やインド、パキスタン、イランを取り込んで「大ユーラシア経済パートナーシップ」を創設する構想も提唱している。

もう一つは冷戦後の現状を変えることだ。こうした試みは「新しいヤルタ」「ヤルタ2」と呼ばれる。二〇一五年の国連演説でプーチンはテロと戦うため国際的な反テロ連合の結成を呼びかけ、その直後にロシアはシリアでのISの拠点に対する空爆を開始した。プーチンはこの演説で一九四五年のヤルタ会談を称賛し、第二次世界大戦中に連合国がナチスドイツとの戦いに団結したことを引き合いに出しながら、ISに対する反テロ連合の結成の重要性を強調した。これはヤルタ会談が戦後の国際秩序を決めたのと同様に、反テロ連合をもとに新しい国際秩序を作り、その中でウクライナ問題なども解決しようという考えだ。ISに対抗することですべての国が団結すれば、ロシアへの制裁は必要ないというわけだ。

このように現状の見直しや新しい国際秩序の構築を求めているのはロシアだけではない。中国も同様で、南シナ海や東シナ海で海洋進出や領土要求を強めている。ロシアと中国が既存の国際秩序への挑戦者だとすれば、G7やEUは既存の秩序を守る立場だ。しかし、イギリスのEU離脱問題やウクライナ危機、難民、テロ、極右勢力の台頭、それにアメリカ第一主義を掲げるトランプ政権の登場で、欧米諸国の立場にも揺らぎが生じているのが現状だ。

では今後のロシアの外交はどうなるだろうか？　二〇一八年以降もプーチン政権が続

く可能性が高く、欧米との対立路線は当面は変わらないと見られている。国力を回復したロシアは進むべき独自の道をすでに決定した。それは世界観や価値観では欧米とは一致せず、正教に基づく伝統的で保守的なもので、民主主義はあまり必要とされない。ロシアには強い権威主義的な指導者が必要であり、経済では国家が大きな役割を果たすべきだという考え方だ。しかし、将来的には指導者や国際環境が変わり、ロシアが再び西側との協調路線に動く可能性もありうる。今起きていることは一時的な後退であり、世界と価値観を共有したいと願う人が増える可能性はある。ロシア外交の特徴はこの二重性にあり、外交路線はある時は欧米との協調、ある時は対立へと揺れ動いているからだ。

今後の米ロ関係は

二〇一六年一一月。アメリカの大統領選挙で大方の予想に反してアメリカ第一主義を掲げる共和党候補の実業家ドナルド・トランプが勝利した。選挙戦でトランプはプーチンを称賛し、ロシアとの関係改善を主張した。一方の民主党候補の元国務長官ヒラリー・クリントンはクリミアを併合したプーチンをヒトラーに例えるなどロシアを厳しく批判した。クリントンを忌み嫌っていたロシアにとってトランプの勝利は意外だったが、歓迎すべきことだった。

トランプは大統領就任後、ロシアと太いパイプのある石油最大手エクソン・モービルCEOのレックス・ティラーソンを国務長官に、またロシアと近い関係にある側近のマイケル・フリンを安全保障問題担当の大統領補佐官に任命し、ロシアとの関係改善に乗り出す構えを見せた。しかし、大統領選挙へのロシアの介入疑惑が米ロ関係の行く手を阻んだ。これは選挙をめぐってロシアがトランプ陣営と共謀し、クリントン陣営にサイバー攻撃を仕掛けるなど不正に介入していたのではないかというものだ。アメリカの情報機関は二〇一七年一月、「プーチン大統領が指示し、トランプが当選する確率を高めようとした」という調査報告書を発表した。フリン大統領補佐官はロシアとの関係が問題視され辞任に追い込まれるなど、トランプがロシアとの関係改善に直ちに乗り出すような機運は失われていった。

このロシア疑惑の核心は二つある。一つはトランプ陣営がロシアと共謀したのかどうか。もう一つはトランプが五月にロシア疑惑を捜査していたＦＢＩ（連邦捜査局）のジェームズ・コミー長官を突然解任したことが司法妨害にあたるのではないかというものだ。この疑惑を捜査するためロバート・モラー元ＦＢＩ長官が特別検察官に任命された。この疑惑で一〇月、大統領選挙でトランプ陣営の選対本部長を務めた幹部らが起訴され、疑惑の解明は新たな局面に入った。ロシアとトランプ陣営の共謀を裏付ける決定的な証拠は今のところないが、アメリカではロシアに対し選挙に介入したとして強い警戒感が渦巻いている。

プーチンとトランプの初めての首脳会談はトランプの就任から半年たった二〇一七年七月にハンブルクでのG20サミットの際にようやく実現した。この会談で、トランプはロシアの選挙介入について何度も問いただしたが、プーチンは全面的に関与を否定した。どちらも国内を意識した対応だったが、トランプがプーチンの訪米を招請することもなく、米ロ関係を打開するような会談にはならなかった。その後もアメリカ議会が対ロ制裁強化法を可決したのに対し、プーチンがロシア国内のアメリカ外交官とスタッフ計七五五人を削減するようアメリカ側に要求するなど、関係は一段と悪化した。

米ロの立場が大きく隔たっているのが北朝鮮の核・ミサイル問題だ。トランプ大統領は「テーブルの上にはあらゆる選択肢がある」として圧力を強めるとともに、中国とロシアに対して制裁の強化を迫っている。これに対し、プーチン大統領は北朝鮮のミサイル発射や核実験を非難する一方で、「結び目はほどかなければならず、切り取ってはならない」として、制裁や圧力の強化に反対し、外交による解決を主張している。またロシアは中国とともに北朝鮮が核やミサイル開発を凍結するのと引き換えに米韓が合同軍事演習を停止することを提案している。その背景には、北朝鮮の脅威を口実に韓国にミサイル防衛システムを配備するなど、アメリカが北東アジアで軍事プレゼンスを強めることへの強い懸念がある。また対話による解決に積極的な姿勢を示すことで、この問題へのロシアの影響力や存在感を誇示し、アメリカとの交渉や中国との力関係に利用したいという思惑がある。

国益を重視するプーチンはアメリカ第一主義を掲げるトランプとは取引可能だと見ている。ただ嫌ロ感情が高まっているアメリカではトランプ政権の対ロ政策に厳しい目が向けられており、トランプがロシアに対して行動できる余地は限られていることをプーチンも理解している。いずれにしてもロシアとしては急がず待ちの姿勢を取り、当面はトランプ政権の出方を慎重に見極めることになるだろう。二〇一八年のロシアの大統領選挙を前に米ロ関係が急速に改善するのは難しい情勢だ。

第一〇章——ロシアとどう向き合うか？

二〇一六年一二月、プーチン大統領が一一年ぶりに日本を訪問し、北方領土問題がついに動くのではないかと期待された。この訪問で安倍・プーチン両首脳は北方四島での共同経済活動について交渉を開始することで合意し、これが平和条約締結への重要な一歩になりうるという認識で一致した。しかし、領土問題そのものについては具体的な進展はなかった。ロシアとの領土交渉の難しさを改めて実感させられた形だ。

四半世紀前にも、同じように領土問題が動くのではないかという期待を抱かせた首脳の訪問があった。一九九一年四月のソ連のゴルバチョフ大統領の訪日だ。これはソ連の最高指導者として初めてのものであり、歴史的な訪日だった。しかし、この時ゴルバチョフは二島の引き渡しを定めた一九五六年の日ソ共同宣言の有効性を認めず、領土問題で突破口は開かれなかった。一方でこの訪問が膠着していた日ソ・日ロ関係を打開する出発点になったのも確かである。私は二〇一六年、ゴルバチョフの訪日から二五年、日ソ国交回復から六〇年になるのを機に領土交渉の歴史を振り返るBSの特集番組を制作し、ゴルバチョフら関係者にインタビューし、交渉の内幕を探った。

この最後の章では日ロの最大の懸案の北方領土問題を取り上げる。まずこの問題に対するロシアの基本的な立場を説明する。次にゴルバチョフ登場から訪日に至るまでの経緯と舞台裏をゴルバチョフ自身と関係者のインタビューで振り返る。それを踏まえて問題点を四つにしぼり、ゴルバチョフ訪日と今回のプーチン訪日とを対比しながら検証し、北方領土問題でロシアとどう向き合うべきなのかを考えてみたい。

ロシアの領土問題

はじめに領土問題一般と北方領土問題についてロシアがどのような立場を取っているのか確認しておこう。ロシア・ソ連は第二次世界大戦やソ連崩壊などの際に周辺諸国との間に発生した多くの領土問題を抱えていた。しかし、これまでにそのほとんどが解決されてきている。ロシアは絶対に領土を返さないと思う人が多いかもしれないが、実際はそうではない。例えば、二〇〇四年には中国との懸案の国境画定問題が四〇年越しの交渉を経て解決された。これは中ロ国境を流れる河川の中州の三つの島について、ロシアが実効支配していた島の半分を中国に譲り渡すことで合意したものだ。中国の強大化を恐れるプーチン大統領が最終的に譲歩し、早期決着を図ったと見られている。また二〇一〇年にはノルウェーとのバレンツ海の大陸棚の境界をめぐる四〇年にわたる対立にも終止符が打たれている。この中国とノルウェーの場合はいずれも面積折半（フィフティ・フィフティ）で解決がなされている。これは日本にとって参考になるが、四島返還を求めているだけにこの方式をそのまま適用するのは難しい。中国とノルウェーの例に見るように、ロシア側には領土問題を解決して相手と正常な関係を築きたいという考えがあるのは確かだ。その一方で二〇一四年にロシアはウクライナのクリミア半島を併合し、新たな領土問題を生み出している。

北方領土問題は第二次世界大戦末期の一九四五年八月、ソ連が日ソ中立条約を破って日本に参戦し、歯舞、色丹、国後、択捉の北方四島を不法に占拠したもので、日本は四島の返還を求めて争っている。この問題についてロシア・ソ連は強硬な姿勢を取り続けている。ソ連は、日本との国交回復を定めた一九五六年一〇月の日ソ共同宣言で「平和条約の締結後に歯舞、色丹の二島を引渡す」ことに同意した。しかし、その後、領土問題は存在しないと立場を変え、一九九一年に訪日したゴルバチョフ大統領も北方四島について領土問題があることを認めるにとどまった。これに対して、プーチン大統領は二島を引き渡すとした日ソ共同宣言が今も有効であることを認めたが、二島をどのような条件で引き渡すのかは交渉の対象だという立場を取っている。またプーチンは就任当初、領土問題は未解決であるとしていたが、二〇〇五年に「北方領土は第二次世界大戦の結果、ロシア領になり、国際法によって確定している」として、領土問題は解決済みという立場を取るようになっている。

またロシアの人々も多くが北方領土の日本への引き渡しに反対しており、二〇一六年の世論調査でも、八割近くが引き渡しに反対と答えている。ロシアの人々の間には「第二次世界大戦でソ連は勝利した。負けた日本に領土を返す必要はない」という考えが強い。また日露戦争の敗北やシベリア出兵といった歴史的な出来事もロシアの対日不信感に影響を

筆者とゴルバチョフ元ソ連大統領（右）（2015年4月14日）

与えている。一九四五年九月二日、スターリンは対日勝利演説で日本に対して長年の復讐を果たしたと述べている。こうしたことが北方領土問題におけるロシアの対応の厳しさの背景にある。

ゴルバチョフ登場

ここからはゴルバチョフの登場から訪日に至るまでの領土交渉の経緯を関係者の証言を交えて振り返ってみる。一九八五年三月、ゴルバチョフが政権の座に就くと、核軍縮などを柱とする新思考外交を打ち出し、西側との関係が大きく改善した。敵対していたアメリカとも毎年、首脳会談を積み重ね、一歩ずつ信頼関係を築いていった。三回目のワシントンでの米ソ首脳会談でゴルバチョフ書記長とレーガン大統領は史上初めて中距離核戦力を全廃する条約に調印した。またベルリンの壁が崩壊した直後に開かれた一九八九年一二月のマルタでの米ソ首脳会談ではブッシュ大統領と冷戦の終結を宣言した。ゴルバチョフはアメリカとの関係改善の意義を私とのインタビューで次のように強調した。

「私たちはアメリカとの関係を修復した。一〇〇%とまではいかなくても正常な関係に戻したのだ。マルタの首脳会談ではブッシュ大統領と米ソは今後も敵ではないと確認しあった。これは極めて重要なことだ」。

立ち遅れた日ソ関係

これに比べて日ソ関係は順調には進まなかった。ゴルバチョフ政権は依然として日ソ間に領土問題が存在することさえも認めなかった。こうした中、一九八六年一月に訪日した改革派のシェワルナゼ外相は日本側が問題を提起する以上、問題は存在するという立場を示した。しかし、ゴルバチョフ自身は「日本は提起してはいけない問題を提起しようとしている」として領土問題を見直す姿勢を見せなかった。一方、日本政府も領土問題に進展がないとして、ソ連の改革ペレストロイカに懐疑的な姿勢を崩さなかった。日ソ両国はゴルバチョフの訪日について就任から二年後の一九八七年初めの早期訪日を目指したが、うまくいかなかった。

日ソ関係が好転し始めたのは一九八八年からだった。この年、中曽根元首相が訪ソし、ゴルバチョフと領土問題について長時間議論した。当時中曽根に同行した外務省ソ連課長だった東郷和彦はゴルバチョフは北方領土の島の数を間違えるなど領土問題には詳しくはなかったと述べている。しかし、まさにこの頃からゴルバチョフの対日認識が変わっていったと多くの専門家が指摘している。日ソ関係に詳しいアメリカの専門家は、ゴルバチョフはこの会談で領土問題の存在を認める必要があることを認識し始めたとして、中曽根との会談をゴルバチョフの対日政策の重要な転換点と見なしている。ゴルバチョフは学習能力が高く、新しい状況に適応できるたぐいまれな指導者だった。多くの日本の関係者と会ううちに日本への認識を深めていったことがうかがえる。これに対して、日本政府も領土問題で進展がなければ経済協力はしないという政経不可分の方針を改め、拡大均衡という政策を打ち出した。これは領土問題と経済協力とをバランスを取りながら進めるというものだった。

ゴルバチョフ訪日

一九九一年四月、ゴルバチョフ大統領が日本を公式訪問した。ソ連の最高指導者の訪日はこれが初めてである。ソ連時代、日ソ間の最高指導者の相互訪問はわずか三回しかなかった。日ソの国交を回復した一九五六年の鳩山一郎首相の訪ソ、中ソ対立・米中接近の中で行われた一九七三年の田中角栄首相の訪ソ、そして、ゴルバチョフの訪日は政権発足から六年もたってようやく実現したものだった。しかし、冷戦を終結させ、東西ドイツの再統一を容認するなど戦後の世界が抱える数々の課題を処理してきただけに、ゴルバチョフなら北方領土問題を進展させてくれるのではないかと日本側では期待が高まっていた。

実はソ連外務省はゴルバチョフの訪日に向けて領土問題について二つの提案を準備していた。第一案は平和条約の締結後に歯舞、色丹の二島の引き渡しを定めた一九五六年の日ソ共同宣言が今も有効であることを認め、これを基礎に問題解決の妥協を探るものだった。第二案は共同宣言には踏み込まず、領土問題が存在することだけを認めるというものだった。この二つの提案を作成した、当時ソ連外務省の太平洋南東アジア局長だったアレクサンドル・パノフは、ソ連指導部は二島の引き渡しを認める第一案には否定的だったと証言する。

「(共産党の)政治局で審議された二つの案は私が作ったものだった。主な案は一九五六年の日ソ共同宣言を基礎とするものだった。共同宣言を基礎に交渉開始を提案するものだったが、この提案は政治局の承認を得られなかった」。

当時、ゴルバチョフは改革ペレストロイカの進め方をめぐって、保守派からも改革派からも厳しく批判されていた。また北方領土問題をめぐっても、領土問題の解決に前向きな一部の改革派を除いて、保守派も改革派も日本への譲歩に強く反対していた。特に国民に人気のあった改革派のエリツィンが問題の次世代への先送りを主張し、訪日の際の日本への譲歩に強く反対したことはゴルバチョフに大きな影響を与えた。

一方、日本政府も訪日の際のゴルバチョフの出方を注視していた。ポイントは二つ。一つはソ連側が北方四島の領土問題の存在を認めるのか、もう一つは一九五六年の日ソ共同宣言の有効性を認めるかどうかである。ソ連側は共同宣言の締結後、日米安保条約の改定を理由に、共同宣言の二島引き渡しは無効であり、日ソ間に領土問題は存在しないという態度を取るようになっていた。

日ソ共同宣言の有効性は認めず

ゴルバチョフ大統領と海部俊樹首相の首脳会談は三日間で六回一三時間にも及んだ。会談でゴルバチョフは歯舞、色丹、国後、択捉の四島を対象に領土問題は存在することを認めた。当時外務省ソ連課長だった東郷和彦は次のように証言する。

「ゴルバチョフは日本に来るまでどっちで行くのかということを誰にも言わなかった。そうしたら、日本に来る時にそこで初めてソ連側のコミュニケ案を持ってきたわけだ。

それを見ると、二つの中の『四島の存在を認める』ということから入ってきたんですね」。

日ソ共同宣言で引き渡しを定めた歯舞、色丹に加えて、残る国後、択捉についても領土問題が存在することをソ連側が初めて認めるものだった。ゴルバチョフと渡り合った海部は当時の様子をこう述べている。

「今まで何にも存在も認めなかったものを認めたから、言うだけでは信用できないからこれに書けと。四島の名前を書けと言ったら、彼（ゴルバチョフ）はしぶしぶ歯舞、色丹、国後、択捉と書いたよ。その紙もらうと。これを実際にやろうと」。

四島の領土問題の存在を確認するという第一の目標を達成した日本側。さらに海部首相は一九五六年の日ソ共同宣言の有効性を認めるようゴルバチョフに迫った。しかし、ゴルバチョフは共同宣言の有効性については頑として認めようとしなかった。その背景についてソ連外務省のパノフはこう指摘する。

「ゴルバチョフには日ソ共同宣言を認める権限は十分にあっただろう。しかし、そうすれば、国内でそれが否定的に受け止められ、彼の立場が非常に大きな打撃を受けることを恐れたのだ」。

ゴルバチョフのおかれた状況について海部は次のように見ていた。

「ゴルバチョフは権力の自分の椅子が危うくなってきたので、ちょっと弱かったな。せめて国際約束（日ソ共同宣言）くらいは認めてもいいじゃないかと思って詰めたのだけれど、頑として受け付けなかった。それを受け入れる力がない」。

突破口は開けず

会談後の共同声明で、ソ連側は北方四島の名前を明記し、領土問題が存在することを認めたものの、一九五六年の日ソ共同宣言の有効性は認めなかった。日本側が期待していた領土問題の突破口は開けなかった。一方で両国は経済協力や北方領土のビザなし交流など、幅広く両国の関係を深めることで一致した。ゴルバチョフは訪日の成果を次のように強調した。

「私の訪日で日ソ交渉の道をふさいでいた石が取り除かれたのだ。ここから今に続く様々な交流が始まった。大事な問題を解決できなかったという意味でとても悔しい思いはあるが、これはいろいろなことが始まったという意味で大事な訪問だった」。

歴史的なゴルバチョフの訪日。しかし、事態はその後、予想外の方向に進んでいく。訪日の四カ月後、ソ連で保守派によるクーデターが発生。事件は三日間で収束したものの、ゴルバチョフは急速に求心力を失った。一九九一年一二月、ソ連は崩壊し、ゴルバチョフは大統領を辞任した。

相互の信頼関係

ここまでゴルバチョフ登場から訪日に至る経緯を振り返った。この訪日をめぐって日ソ両国は関係打開に向けた試行錯誤を繰り返した。そこから今日につながる教訓を引き出してみよう。ポイントを四つにしぼり、相互の信頼関係、領土問題と経済協力のあり方、決断のタイミング、米ロ関係にわけて考えたい。

第一の相互の信頼関係。ゴルバチョフ政権が発足した際、アメリカとの関係は急速に改善したが、日ソ関係は逆に冷却化した。この背景にはソ連にとってアメリカや西ヨーロッパの優先順位が高く、日本は低かったことがある。ソ連には経済を立て直すために、アメリカとの核軍縮を達成し、軍事費の重圧を少しでも緩和する必要があった。ゴルバチョフは米ソ関係や国内問題に忙殺され、優先順位の低い対日関係の改善は後回しになった。

日ソ間には強い不信感があったことも関係改善が進まなかった大きな理由だ。日本の対ソ不信感の背景にはソ連が日ソ中立条約を破って対日参戦し、北方領土を占拠したことや、大勢の日本人をシベリアに抑留したことがある。一方、ソ連の対日不信感も大きかった。日露戦争での敗北、ロシア革命直後の日本によるシベリア出兵などがある。ゴルバチョフも一九八六年七月、極東のウラジオストクで日本や中国との関係改善を呼びかける演説を行ったが、日本の対応は消極的だった。ゴルバチョフは回想録の中で「日本の反応が最も冷淡で敵対的でさえあった」と不満を表明している。一方、中国はこの演説に積極的に対応した。ゴルバチョフは中ソ国境の兵力削減の用意があることなどを表明し、中国の鄧小平・党中央軍事委主席もそれを受け入れる意向を示した。演説の三年後、ゴルバチョフは中国を訪問し、かつて国境での武力衝突にまで発展した中ソ関係を三〇年ぶりに正常化することに成功した。

日ソは当時、首脳間の交流も少なく、国家間の信頼関係も弱かった。一九九一年に訪日したゴルバチョフ大統領と海部首相とはこれが初めての出会いだった。しかし、二人は三日間にわたって異例のマラソン交渉を行い、海部は晩さん会のあと、ゴルバチョフを二次会に誘い、一緒にカラオケを歌うなど信頼関係を築こうとした。こうした首脳同士の関係は領土問題のような難しい問題の協議には欠かせないものだが、この訪日では結果には結びつかなかった。

これに対し、二〇一六年のプーチン大統領の訪日は安倍首相との一六回目の首脳会談

ゴルバチョフ大統領と海部首相(1991年4月18日)[写真:TASS/アフロ]

だった。両首脳は五月のソチ会談以来、七カ月間で四回、しかも毎回一対一の会談を行い、北方領土の今後のあり方などを話し合った。両国の首脳同士がこれだけ集中的に直接渡り合ったのは領土交渉史上、前例がない。

日ロ関係をとりまく状況にも特徴がある。まず両国に強い安定政権があり、本格的な交渉がようやく可能になった。また地政学的にロシアが東に顔を向け始めたことも大きい。ロシアはアジア太平洋に進出し、シベリア極東の資源を開発しようとしており、日本との経済協力を強く望んでいる。また中国に一辺倒になることを避け、バランスを取るため日本など周辺諸国との関係を改善しようとしている。

ただ首脳同士の信頼関係が深まっても領

土問題が進展するとは限らない。日ロ関係は経済協力や政治交流が少なく、信頼関係があるとは言えない状態だ。プーチンは日ロ関係の信頼のレベルは中ロ関係にまだまだ及ばないとけん制している。

領土問題と経済協力

第二のポイントは領土問題と経済協力の関係だ。日本政府は冷戦時代、ソ連に対して政経不可分の政策をとった。領土問題は存在しないというソ連側に反発したもので、領土問題が動かない限り、経済協力はしないという厳しいものだった。この政策は二五年以上続いた。ゴルバチョフが登場した後も日本側はソ連のペレストロイカに懐疑的で、領土問題に進展がないとして経済協力に慎重な姿勢を変えなかった。当時ソ連外務省で対日政策を担当したパノフはこう述べている。

「日本についてゴルバチョフが関心を持っていたのは改革を進めるソ連への経済支援だった。しかし、日本からは経済支援のシグナルは一切送られてこなかった。ソ連に領土問題を解決する気はないのだから、日本もソ連を支援する意味はないというわけだ」。

しかし、日本政府は一九八九年、ゴルバチョフの訪日に向けて方針を転換し、領土問題と経済協力をバランスを取りながら進めるという拡大均衡の政策を打ち出した。

日ソの秘密交渉

当時日ソ間では領土問題と経済支援をめぐる秘密交渉が行われた。発端はゴルバチョフが日本から経済支援を引き出すようにソ連の訪日準備委員会などに命じたことだった。当時ソ連ではペレストロイカが失速し、食料品や生活必需品が不足する深刻な事態に陥っていた。そこでソ連はバブル絶頂期を迎えていた日本の経済力に注目し、日本からの経済援助で国内経済の立て直しを図ろうとした。その日本との交渉にあたったのが、訪日準備委員会議長のゲンナジー・ヤナーエフ副大統領やソ連科学産業同盟会長のアルカジー・ヴォリスキーだった。当時ヴォリスキーの日本との交渉の通訳を務めた元ソ連共産党国際部のワシーリー・サプリンはこう証言する。

「(ヴォリスキーが) 大統領から命令を受けた。日本ならお金がいっぱいある。極東経済に関心があるからそこから経済支援を受け、行ってその使命を果たしなさいと」。

何としても経済支援を引き出したいヴォリスキーは日本側の期待に沿うような踏み込んだ姿勢を示したとサプリンは指摘する。

「国を救うためにはお金が必要だ。経済援助が必要。この危機的な状況の中で少しでも領土で譲れる範囲があるのではないかというのが彼の考えだった。その意味では個人的にはちょっとやりすぎの約束だったのではないかという気がする」。

ソ連側の働きかけに対して、実力者の自民党の小沢一郎幹事長は領土返還と経済支援を取引する形の提案を行った。私たちはロシア国立公文書館から一九九一年一月九日付けの小沢幹事長の特使とソ連指導部との対話の記録を入手した。この中で日本側はおよそ二六〇億ドル、当時のレートで日本円にして三兆八〇〇〇億円の巨額の経済支援をソ連側に提示している。この数字は、ドイツ統一をめぐる交渉で西ドイツがソ連に支援した一七六億ドルを大きく上回るものだった。その経済支援と引き換えに、日本側は、「すべての補償は一九五六年の日ソ共同宣言にある二島の引き渡しの際に可能となる」とし、残る国後・択捉の二島についても解決を求めていた。

この交渉は海部首相や橋本蔵相の了解を得て進められたものだった。しかし、この秘密交渉の内容は途中でソ連国内で暴露され、「島を金で売るものだ」とソ連の世論の強い反発を招き、失敗に終わった。秘密交渉を暴露したのは改革派のエリツィンに近い億万長者のロシア共和国の議員で、背後にはゴルバチョフが訪日の際に領土問題で譲歩することに反対するエリツィンやその側近がいるのではないかと噂された。この暴露はゴルバチョフの交渉の可能性を狭め、彼の権威をおとしめた。海部元首相は私の取材に対してこの秘密交渉について次のように述べている。

「これはソ連側から来た話を小沢が受け止めて、小沢一郎が金をそれだけ出さないといけないから約束していいですかと。大蔵大臣は反対しないと。そして（モスクワに）行ったんだ。二日目か三日目に（小沢幹事長から）電話がかかってきて、『あの話は総理、悪いけどなかったことにしてくれ』と。『なんで？』って言ったら、『口裏を変えられちゃった』と。だからソ連と話をするのは危ない」。

新しいアプローチ

領土問題と経済協力をどう進めるのか、その兼ね合いをどうするのか、これは古くて新しい問題だ。ゴルバチョフ訪日から二五年たった二〇一六年五月、ソチでの首脳会談で安倍首相は経済協力を中心に関係全体を改善し、その中で領土問題を進めるという考えを示した。ロシア側はこれを日本が初めて領土と経済を切り離したと受け止めた。安倍はプーチンに対して八項目の経済協力を提案した。医療や都市環境の整備、中小企業の交流、エネルギー開発などだった。これはプーチンの年次教書演説などをもとにロシア側のニーズに対応したものだった。プーチン訪日の際、この八項目プランに基づいて八〇件の経済協力の合意が結ばれた。

安倍首相がソチで八項目提案とともに打ち出したイニシアチブが「新しい発想に基づくアプローチ」だ。それが何を意味するのか、安倍自身、プーチン訪日の際の記者会見で次のように述べている。

「過去にばかりとらわれるのではなく、日本人とロシア人が共存し、互いにウィンウィンの関係を築くことができる。北方四島の未来図を描き、その中から解決策を探し出すという未来志向の発想が必要だ」。

これは四島の帰属の問題はいったん脇において、旧島民の自由訪問や共同経済活動などを行って信頼を醸成し、四島の将来像を話しあい、北方領土を日ロの協力の地域にしようというものだ。この考えに基づいて、九月のウラジオストク会談で、安倍は北方領土で共同経済活動を行うことを提案した。そしてプーチン訪日の際、共同経済活動を北方四島で特別の制度の下で行うための交渉を開始することで合意した。

共同経済活動はもともとロシア側が一九九〇年代に提起したもので、日本側はロシアの法律の下で共同経済活動を行うのはロシアの主権を認めることになるとして反対してきた。問題は日ロ双方の立場を害しない特別の制度をどう作るかだ。安倍首相がこの問題に積極姿勢を示した背景にはロシア側の信頼を醸成しない限り、領土問題は動かないという認識がある。

このようにプーチン訪日の際、両首脳は北方四島での共同経済活動について交渉開始で合意したが、領土問題そのものについては具体的な合意はなかった。これをどう見るのか？　日本国内の見方は大きく二つに分かれている。法政大学の下斗米伸夫教授は急がば回れで、まずまずのスタートだったと評価している。状況を登山にたとえて、安倍・プーチン両首脳は互いにザイルを体に結び付けて目標に向けて少しずつ山を下りているような状態だと指摘した。これに対して、新潟県立大学の袴田茂樹教授は、領土問題では成果がなく、全体としてかなり厳しい結果だったと否定的に見ている。さらに共同経済活動については領土問題の解決に新たなハードルを課すものだと懸念を示した。両首脳は共同経済活動が平和条約締結への重要な一歩になるという決意を示したが、これが実際に領土問題を動かすきっかけになるかどうか問われることになる。

共同経済活動をめぐっては、その後、二〇一七年九月に安倍・プーチン両首脳がウラジオストクで再び会談し、優先的に取り組む事業を五項目に絞り込むことで合意した。海産物の養殖、温室野菜栽培、観光ツアーの開発、風力発電の導入、ゴミ処分対策だ。しかし、双方の立場を害さない法的枠組みの協議は先送りとなった。この首脳会談に先立って、ロシア側は八月、色丹島を経済特区に指定し、ロシアの主権の下で開発する方針を示し、日本側をけん制した。法的な枠組みをめぐる協議の先行きは予断を許さない状況だ。

タイミングが重要

第三のポイントは決断のタイミングの問題である。一九九一年のゴルバチョフ訪日では領土問題で具体的な進展はなかった。訪日が実現したのはクーデター未遂が起きる四カ月前の一九九一年四月。政権発足から六年もたってからで、あまりに遅い訪日だった。ペレストロイカは失速し、民族紛争や分離独立要求が起き、保守派と改革派のいずれからも批判を受け、ゴルバチョフの権力基盤は大きく揺らいでいた。ゴルバチョフは訪日しても大胆な決断はできない状態だった。ただゴルバチョフ自身は訪日が後回しになったことを間違いではなかったと弁明している。

「私たちが日本にアプローチしたのはかなり後になってからだった。これが間違いだったとは言わない。日本に対しては十分な準備が必要だった。領土問題を飛び越すことはできない。この問題を脇に寄せるか、妥協するか、別の道に出るかしかないのだ。日本と交渉するのは簡単なことではないのだ」。

政権三年目の一九八七年初めにも早期訪日のチャンスがあった。しかし、日本政府がゴルバチョフ登場の歴史的な意味を正しく評価できずに、領土問題の進展だけにこだわったことが裏目に出た形だ。またゴルバチョフにも日本に対する理解不足があった。仮にゴルバチョフが政権末期の一九九一年ではなく、もっと早めの訪日が実現していれば、違う結果が出ていた可能性はあると指摘されている。

タイミングを生かしたアメリカや西ドイツ

一方でゴルバチョフはアメリカとは四年連続で首脳会談を行った。一回目のジュネーヴ会談ではレーガン・ゴルバチョフ両首脳は相手への不信感に満ちていた。二回目のレイキャビクでは首脳会談は決裂した。しかし、三回目のワシントン会談では史上初めての中距離核戦力を全廃する条約の調印にこぎつけたのである。ソ連とは首脳会談を積み重ねることが重要だと、対日専門家のゲオルギー・クナーゼは指摘する。

「(日ソ共同宣言を) 認めるべきだということはゴルバチョフは最初から分かっていたと思う。ただこれはアメリカとのミサイル交渉と同じような戦術で段階的にいこうじゃないかと。恐らくゴルバチョフは似たような戦術パターンで日本に行った。ソ連大統領の訪日は珍しいので期待はものすごく高い。日ロ関係でも首脳会談はごく普通のよくあるパターンにしたほうがいい」。

またしばしば西ドイツの例と比較されるが、訪日の一～二年前、一九八九～一九九〇年の段階ではゴルバチョフにはまだ東西ドイツの統一を認める力が残っていた。しかし、その頃、日本は大きな失策を犯している。一九八八年一二月、シェワルナゼ外相が二度目の訪日をし、ゴルバチョフの訪日に向けて平和条約の締結に向けた作業部会を発足させることで合意した。しかし、その翌月の一九八九年一月にパリで行われた外相会談で日本側が訪日の際には領土問題の進展が必要だと釘を刺したのに対して、シェワルナゼは強く反発した。日ソ関係は再び停滞し、軌道に戻すまで半年かかった。この結果、ゴルバチョフの関心は東ヨーロッパの激動やドイツ統一問題に向き、日本との関係はまたしても後回しになってしまった。当時外務省ソ連課長だった東郷和彦はタイミングの重要性を強調する。

「あの半年がなかったらね。一九八九年ってものすごく重要な年なんですよ。東欧で大混乱が起き始めていて、その年末にベルリンの壁崩壊。そのあとドイツの統一問題が一挙に動いた。だからソ連の指導部は日本のことを考える時間がなくなってしまった。だからすべてはタイミングだ。タイミングだと思う」。

首脳交渉の勢いを維持できるか

日ロ関係や国際情勢が揺れ動く中、交渉のタイミングを計るのは難しい。安倍・プーチンの交渉もさまざまな局面でタイミングを失いかけてきた。二〇一四年にはウクライナ危機によって日本は欧米とロシアの板ばさみになり、プーチン訪日が二度にわたって延期された。首脳会談を積み重ねてようやく実現した二〇一六年一二月のプーチン訪日でも領土問題では具体的な進展はなかった。訪日で明らかになったのはまず信頼醸成が先で、領土問題の解決にはまだ時間がかかるということだ。日本側としては成果を出すには、経済協力や北方四島の経済共同活動を具体化し、信頼を醸成させる必要がある。

今回の日ロ交渉の特徴は安倍・プーチン二人の直接交渉で進められていることだ。タイミングという点からは、この二人の交渉がどれだけ長く続くのかが今後の大きな焦点となる。特に二〇一七年一〇月の総選挙で圧勝したものの国内問題の対応で批判を浴びている安倍首相が二〇一八年九月の自民党総裁選挙で三選を果たし、その後も引き続きプーチンと本格的な領土交渉に取り組めるかどうかはこの問題の行方に大きな影響を与えるとみられる。北朝鮮の核・ミサイル問題など日ロを取り巻く国際情勢が緊迫する中、これまでの首脳交渉の勢いをどう維持していくのか。交渉のタイミングを失わないように、チャンスの窓をこじ開けていく根気が求められる。

米ロ関係

最後のポイントは米ロ関係である。日ロの領土交渉が前進するために必要なのは、各々に強い指導者、安定した政権、互いの信頼関係のほか、米ロ関係がよいことが指摘されている。歴史を振り返ると、アメリカは日ソ・日ロ関係に何度も介入している。

北方領土問題のきっかけとなった一九四五年二月のヤルタ会談。アメリカのルーズベルト大統領は日本との戦争でアメリカ兵の犠牲者を減らすため、スターリンに対して、ドイツとの戦争に勝利した二〜三カ月後にソ連が対日参戦するよう求め、その見返りとしてソ連に千島列島を引き渡すことで合意した。一九四五年八月九日、ソ連は日ソ中立条約を一方的に破棄して、日本に宣戦布告。千島列島への攻撃を開始した。日本が無条件降伏した後も攻撃を続け、歯舞・色丹・国後・択捉の北方四島を占拠した。

一九五一年のサンフランシスコ講和会議では中国の参加問題をめぐって米ソが激しく

対立した。ソ連はアメリカの方針に抗議して途中で退席し、サンフランシスコ講和条約はソ連抜きで調印された。この結果、日本とソ連の国交回復は先送りとなった。サンフランシスコ講和条約では千島列島について、「日本は千島列島［中略］に対するすべての権利、権原、請求権を放棄する」と定められた。この条文では千島列島に北方四島が含まれるのか。そして放棄した千島列島がどの国に帰属するのか定められていない。日ソ間に対立の火種を残すことをアメリカは意図していたと多くの専門家が指摘している。

ダレスの恫喝

その後、日本とソ連は関係改善を模索し、一九五五年、ロンドンで日ソ国交正常化交渉を始めた。フルシチョフ政権は北方領土問題で歯舞、色丹の二島を引き渡すと提案し、日本もこれに応じようとした。この動きに当時のアメリカのダレス国務長官は強く反対した。一九五六年八月、重光葵外相に対して、「日本が二島引き渡しで妥協し、国後、択捉をあきらめるのなら、沖縄は返還しない」と圧力をかけた。「ダレスの恫喝」と呼ばれるものだ。これを受けて、日本側は四島の返還を求める姿勢に転じ、ソ連側は強く反発した。プーチンは二〇一六年の訪日の際、この問題へのアメリカの介入の例としてダレスの恫喝に言及した。

一九五六年一〇月、鳩山一郎首相がモスクワを訪問し、日本とソ連は国交を回復した。しかし、領土問題を解決できなかったため、平和条約ではなく共同宣言に調印することになった。この共同宣言は日ソ・日ロ関係で批准された唯一の文書であり、領土交渉の出発点となった。

共同宣言の調印から四年後、一九六〇年に日米安保条約は改定され、日本へのアメリカ軍の駐留の継続が決まった。ソ連はこれに強く反発し、日本に対して二島引き渡しを無効とする覚書を送り付けた。ソ連はこれ以降、日本との間に領土問題は存在しないという立場を取り続けた。ゴルバチョフは当時、日本はアメリカの強い影響下にあり、自立して日ソ関係の改善を進めることは難しかったと述べている。

「当時アメリカは日本が自立してソ連との関係を修復し、アメリカから離れていくと感じたのだろう。日ソの接近を邪魔したのは何だったのか。それは日米安保条約だ。日本の命運を握っているのはいつもアメリカなのだ」。

こうしたアメリカの姿勢はゴルバチョフが登場すると一変する。米ソ関係が大きく改善すると、アメリカは日ソ関係が立ち遅れていることを懸念し、日ソ両国に対して、関係改善を促したのだ。当時のアメリカの駐ソ大使ジャック・マトロックはアメリカが日本にもソ連との関係を改善するよう呼びかけたことを明らかにした。

「冷戦時代だったら、アメリカは日本がソ連に接近しすぎることを懸念したかもしれない。しかし、ゴルバチョフが現れてからは日ソ関係が進展するのを前向きに受け止めていた。将来の平和を確かなものにするからだ。日ソ間の緊張がいつまでも続くことはアメリカの国益にかなうとは思えなかった」。

米ロの板ばさみに

二〇一四年、ウクライナ危機が起きると、欧米や日本はロシアに経済制裁を科した。クリミア併合も北方領土問題も力による現状変更で認められないというのが日本の立場だが、一方で日本は制裁は最小限にとどめ、ロシアとの対話を維持しようとした。しかし、アメリカはG7が一致してロシアに対処すべきだと日本に圧力をかけ、これに対してロシアはG7の結束を破ろうとプーチンの訪日問題などで日本に揺さぶりをかけてきた。日本は欧米とロシアの板ばさみになった形だ。

こうした中、二〇一五年五月、アメリカのオバマ大統領は、訪米した安倍首相に対して、プーチン大統領の訪日に慎重に対処するよう警告した。また二〇一六年二月、オバマは電話会談で安倍が五月のロシアのソチ訪問に慎重に対処するよう求めた。しかし、安倍はアメリカの警告を無視する形でソチを訪問し、プーチンと会談した。プーチンは安倍がアメリカの圧力にもかかわらず、ソチを訪問したことを評価した。

領土問題に安全保障問題をリンク

プーチンは訪日の際、領土問題に安全保障問題をリンクさせる姿勢を鮮明にした。一つは日米安保条約の問題で、プーチンは記者会見で日本に対して安全保障問題でロシアの懸念に配慮するよう求めた。プーチンが問題にしたのは仮に北方領土が日本に引き渡された場合、そこにアメリカ軍の基地がおかれるのではないかという懸念だ。ロシア側は北方領土の軍事化やクリール（千島）列島の防衛線の強化、オホーツク海の聖域化といった極東での軍事力強化を進めている。そうした中で北方領土にアメリカ軍の基地がおかれるのは容認できないというものだ。

もう一つはアメリカのミサイル防衛システムの問題だ。プーチンは二〇一七年六月に世界の通信社との会見で、ヨーロッパにおけるアメリカのミサイル防衛システムがイランの脅威を口実に進められてきたと非難し、それと同様のことが北朝鮮の脅威を口実に北東アジアでも起きていると指摘した。そして問題は北朝鮮にあるのではなく、韓国にアメリカが配備したミサイル防衛システムにあるとして、それに対抗するうえで北方領土は最適の場所だという認識を示した。これらの問題提起はロシアが北方領土問題と北東アジアにおけるアメリカのプレゼンスの問題をリンクさせるもので、共同経済活動とともに領土問題の解決に新たなハードルを設けるものと言える。

「返還はプーチンにしかできない」

ロシアではウクライナ危機などで国民の間に欧米への反発やナショナリズム、愛国主義が高まっている。勢力圏を確保し、主権問題では譲歩しないという雰囲気だ。その一方で経済は原油価格の下落などで危機的な状況が続いている。そうした中でもプーチンはクリミア併合など失った領土を取り返した偉大な指導者として八〇％台の支持率を維持している。

ロシアの世論調査機関レヴァダセンターの調査（二〇一六年五月）によると、北方領土を日本に引き渡すことについて七八％が反対している。ロシアは戦勝国であり、なぜ負けた日本に領土を譲るのかというわけだ。ウクライナからクリミアを取り戻して支持率が急上昇したプーチンにとって日本に領土を引き渡すのは政治的にマイナスでしかない。国際政治学者のドミトリー・トレーニンは「プーチンは信頼できるパートナーとして日本を得るのと、共同宣言を履行して領土を失うことのバランスを冷静に考えている」と指摘している。また外交専門家のフョードル・ルキヤノフも、「問題は引き渡しに反対するロシアの世論だ。領土引き渡しは社会的に権威のあるプーチンにしかできない」と述べ、プーチンの決断がカギを握っているという見方を示している。

今回、日本側が動き、日ロ両首脳が集中的に会談を重ねていることもあって、北方領土問題は十数年ぶりに新たなチャンスを迎えている。その一方で共同経済活動と安全保障問題という二つのハードルが加わり、本格的な領土交渉は二〇一八年のロシア大統領選挙以降に先送りされる見通しだ。しかし、チャンスの窓はまだ開かれている。日本側にはこのタイミングを逃さず、これまでの首脳交渉の勢いを維持しながら、二〇一八年以降をみすえた対ロ戦略が求められている。

［著者プロフィール］

山内聡彦（やまうち・としひこ）
1952年青森県生まれ。東京外国語大学ロシア語科卒業後、NHKに入社。
外信部、モスクワ支局、ウラジオストク支局長、モスクワ支局長、解説委員を歴任。
1993年にロシア太平洋艦隊による放射性廃棄物の海洋投棄をスクープし、
NHK会長賞を受賞。プーチン大統領と2回のインタビュー、
ゴルバチョフ元ソ連大統領と3回にわたるインタビューを行った。
2017年退職。現在NHKグローバルメディアサービス専門委員、法政大学講師。
主な著書に、『ドキュメント・プーチンのロシア』（2003年）、
『現代ロシアを見る眼――「プーチンの十年」の衝撃』（共著、2010年）、
『ゴルバチョフが語る冷戦終結の真実と21世紀の危機』（共著、2015年）
（いずれもNHK出版）など。

ロシア現代史再考
ソ連崩壊から読み解く大国の真相

2017年12月25日　初版第1刷発行

著　者　山内聡彦
発行人　揖斐 憲
装　丁　伊藤拓希

発　行　東洋書店新社
〒150-0043 東京都渋谷区道玄坂1-22-7 道玄坂ピアビル5階
電話 03-6416-0170　FAX 03-3461-7141

発　売　垣内出版株式会社
〒150-0098 東京都世田谷区上用賀6-16-17
電話 03-3428-7623　FAX 03-3428-7625

印刷・製本　中央精版印刷株式会社

落丁・乱丁の際はお取り替えいたします。
定価はカバーに表示してあります。

ISBN978-4-7734-2029-6